智能社会与科技应用 · 系列图书

之江实验室智能社会治理实验室

洞察
2021-2023
全球智能在线教育
与学习者同行

吕明杰 杨俊锋 著

中国科学技术出版社
·北京·

图书在版编目（CIP）数据

洞察全球智能在线教育：2021-2023：与学习者同行 / 吕明杰，杨俊锋著 . — 北京：中国科学技术出版社，2023.10
ISBN 978-7-5236-0296-6

Ⅰ.①洞… Ⅱ.①吕… ②杨… Ⅲ.①网络教育—研究 Ⅳ.① G434

中国国家版本馆 CIP 数据核字（2023）第 213005 号

策划编辑	申永刚　于楚辰
责任编辑	申永刚
封面设计	潜龙大有
版式设计	蚂蚁设计
责任校对	张晓莉
责任印制	李晓霖

出　　版	中国科学技术出版社
发　　行	中国科学技术出版社有限公司发行部
地　　址	北京市海淀区中关村南大街 16 号
邮　　编	100081
发行电话	010-62173865
传　　真	010-62173081
网　　址	http://www.cspbooks.com.cn
开　　本	710mm×1000mm　1/16
字　　数	209 千字
印　　张	18.25
版　　次	2023 年 10 月第 1 版
印　　次	2023 年 10 月第 1 次印刷
印　　刷	北京盛通印刷股份有限公司
书　　号	ISBN 978-7-5236-0296-6/G·1021
定　　价	128.00 元

（凡购买本社图书，如有缺页、倒页、脱页者，本社发行部负责调换）

本书系国家社会科学基金教育学重点课题"人工智能教育场景应用的伦理与限度研究"（ACA220027）系列研究成果之一。

EDITORIAL BOARD

编委会

组　长： 吕明杰　杨俊锋

副组长： 陈　旭　杨嘉帆

编写组： 张　岚　潘柔烨　秦子涵　施高俊　林如意
　　　　　李佳平

INTRODUCTION

前言

2020年新冠疫情的冲击，让在线教育再次站在聚光灯下。疫情下教育领域获融资最多，其中在线教育最受资本青睐。据艾瑞咨询统计，2020年教育行业累计融资1164亿元，其中在线教育融资1034亿元，占比89%。

2021年1月下旬，新冠疫情反复，全国各地下发暂停各类线下培训课程的通知。

在全球疫情影响下，教育行业多次面临类似的挑战。但与2020年疫情初次暴发时不同，中国教育机构不再手足无措，而是以最快的速度应对突发事件，迅速布局并开展线上课程，并继续在OMO模式中摸索发展。

虽然在线教育在疫情的催化下迎来了流量高峰及下沉市场的快速渗透，但也暴露了不少自身的问题，比如，不规范与不明确的准入门槛，校外在线教育企业之间的恶性竞争，重广告宣传轻教育，师资管理难，等等。

为了全面规范校外智能在线教育的发展，2021年7月24日，中共中央办公厅、国务院办公厅印发《关于进一步减轻义务教育阶段学生作业负担和校外培训负担的意见》，具体涉及三方面措施：一是坚持从严审批机构；二是规范培训服务行为；三是强化常态运营监管。

"双减"落地伊始，头部K12在线教育公司纷纷推出编程课，更广泛的STEAM赛道即将爆发：一方面，STEAM教育与学科类教育接近，有助于提升学生学业成绩；另一方面，线下STEAM教育质量参差不齐，给了线上机构反超机会。

在线素质教育的发展很大程度上依赖于技术的进步，人工智能、大数据技术有助于提升学生对书法、音乐、美术等课程的体验感和教学效果，并有利于形成标准化评价方式，进一步强化素质教育的刚需。随着虚拟现实（AR）、增强现实（VR）技术的突破，可穿戴设备将应用于科技类、体育类、劳动实践类课程，从而跨越在线学习的障碍。

自2022年开始，教育部工作重点提出要实施教育数字化战略。中共二十大报告强调"推进教育数字化，建设全民终身学习的学习型社会、学习型大国"。在线教育作为教育数字化转型的重要组成部分，在学习型社会的建设中日益扮演着重要角色。

目录

第一章 在线教育的时代背景

第一节　工业 4.0 与教育 4.0 / 2

第二节　智能技术的发展 / 6

第三节　教育供给侧改革 / 10

第四节　后疫情时代的教育韧性 / 14

　　一、后疫情时代对教学的影响 / 冲击 / 14

　　二、面对后疫情时代的挑战，要增强教育系统的韧性 / 15

　　三、后疫情时代呼唤智能在线教育 / 16

第二章

智能在线教育的基本概念

第一节　在线教育的发展脉络 / 22

　　一、函授教育 / 22

　　二、电化教育 / 23

　　三、现代远程教育 / 23

　　四、在线教育 / 25

　　五、智能在线教育 / 28

第二节　在线学习的理论基础 / 31

　　一、自主学习 / 31

　　二、社会化学习 / 33

　　三、联通主义学习 / 35

　　四、自适应和个性化学习 / 36

第三章

智能在线教育的政策环境

第一节　人工智能教育 / 43
第二节　在线教育 / 47
　　　　一、在线教育资源建设 / 47
　　　　二、在线教育应对突发事件 / 52
第三节　在线教育的规范治理 / 57
第四节　教育信息化、数字化发展战略 / 64

第四章

支持智能在线教育的产品

第一节　分类依据 / 75
第二节　产品分类 / 79
　　　　一、智能化直播平台 / 79

二、情境化直播教学产品 / 80

　　三、精准化录播课程产品 / 82

　　四、自适应泛在资源类产品 / 84

　　五、个性化学习工具 / 85

第三节　产品应用案例 / 87

　　一、智能化直播平台——钉钉 / 87

　　二、情境化直播教学 App——学而思网校 / 90

　　三、精准化录播课程 App——洋葱学园 / 94

　　四、自适应泛在资源 App——哔哩哔哩 / 96

　　五、个性化学习工具——作业帮 / 100

第五章

智能在线学习产品应用现状

第一节　调查的目的 / 106

第二节　调查的设计与实施 / 107

　　一、问卷的设计与实施 / 107

　　二、访谈的设计与实施 / 108

第三节　调查结果分析 / 110

　　　　一、智能在线学习产品的使用情况 / 110

　　　　二、智能在线学习产品的产品质量概述 / 113

　　　　三、智能在线学习产品的学习体验分析 / 118

第四节　建议 / 121

　　　　一、优化在线学习环境 / 121

　　　　二、创新在线学习方式 / 124

　　　　三、升级在线学习产品 / 129

第六章

智能在线教育的发展趋势

第一节　教育数字化转型 / 134

第二节　在线学习方式的创新 / 137

　　　　一、元宇宙在线学习 / 137

　　　　二、在线同步视频学习 / 139

　　　　三、人机协同学习 / 143

　　　　四、在线主动学习 / 144

　　　　五、在线持续学习 / 147

第三节　在线学习产品的转型 / 150

第四节　在线学习环境的优化 / 154

　　　　一、基于元宇宙的在线学习环境 / 154

　　　　二、居家在线学习环境 / 158

第五节　适切在线资源的开发 / 160

第六节　线上线下教学的融合 / 162

第七节　在线教育市场的治理 / 167

第七章

国际智能在线教育动态

第一节　印度：900 所大学将提供在线学位课程 / 172

第二节　英国：元宇宙如何改变教育科技市场 / 175

第三节　韩国：职业学校将加快推进元宇宙与教育的融合 / 177

第四节　欧盟：混合式学习促进全纳教育的价值 / 179

第五节　美国：麻省理工学院教授提出后疫情时代
　　　　新形态大学的设计理念 / 182

第六节　东南亚国家联盟（ASEAN）：
　　　　为儿童建造一个安全的未来数字世界 / 184

第七节　经济合作与发展组织：《塑造教育的趋势（2022）》报告发布 / 187
第八节　UNESCO：在西非和中非国家使用开放教育资源的建议 / 189

附录一　问卷调查

智能在线学习产品应用现状问卷调查结果与分析 / 191

一、问卷调查的目的 / 191

二、问卷的设计与实施 / 191

　　问卷的编制 / 191

三、样本情况 / 195

四、问卷结果与分析 / 196

　　（一）基本信息 / 196

　　（二）在线学习产品的使用意愿 / 200

　　（三）在线学习产品的学习环境 / 205

　　（四）在线学习产品的学习效果 / 209

　　（五）在线学习产品的信息质量 / 215

　　（六）在线学习产品的交互质量 / 218

　　（七）在线学习产品的满意度 / 220

　　（八）在线学习产品的持续使用意愿 / 222

　　（九）学生年级与使用在线学习产品的关系 / 224

　　（十）学生学业水平与使用在线学习产品的关系 / 228

　　（十一）不同地域学生使用在线学习产品的现状 / 232

　　（十二）在线学习产品的满意度与持续使用意愿的关系 / 236

（十三）不同种类在线学习产品的使用现状与影响 / 240

附录二　访谈设计

智能在线学习产品应用现状访谈结果与分析 / 250

一、访谈提纲设计 / 250

二、访谈过程 / 251

（一）访谈对象选择 / 251

（二）访谈数据收集方式 / 251

三、访谈结果汇总 / 252

四、访谈结果分析 / 252

（一）产品特点 / 252

（二）产品使用场景 / 258

（三）产品使用效果 / 259

参考文献 / 261

第一章

在线教育的时代背景

第一节

工业4.0与教育4.0

工业时代，资本和能源是主要的生产要素，大型机械设备是核心的生产工具。1769年，英国人詹姆斯·瓦特改良了蒸汽机，推动了机械化生产时代的到来，社会形态由农业社会进入工业社会。1870年，电能的突破和应用、内燃机的出现、劳动分工及批量生产的实现等拉开了第二次工业革命的序幕。在工业1.0和2.0时代，为适应机器大生产的需求，以班级授课为主要形式的标准化教育成为主流，并为工业生产流水线输送了大量符合标准的产业人才。

第三次工业革命的兴起离不开信息时代的浪潮。在信息时代，信息和知识成为主要的生产要素，计算机和互联网是核心的生产工具。我们通常认为信息时代开端于20世纪70年代，以电子计算机的普及和网络技术的应用为典型特征。进入信息时代，计算机、电子信息技术的发明、普及和应用掀起了第三次工业革命，信息技术开始进入教育领域，多媒体教学、计算机辅助教学、数字化资源等开始出现。

如今，第四次工业革命的浪潮席卷而来，人工智能、基因工程、纳米技术、新材料、3D打印、大数据、人机交互、物联网、无人驾驶交通工具等领域不断取得突破性进展，这些领域之间通过跨界的互动与融合，开始了一场深刻的系统性变革。在工业4.0时代，集成、智能、创新、融合等成为社会发展的关键词，人工智能、虚拟现实、大数据、区块链、3D打印等信息技术成为推动社会前进的关键力量。在教育领域，技术的应用也日渐成为常态，教育变革被打下了深刻的时代烙印。在此背景下，具备多元化、个性化、智能化等特征的智慧教育已成为未来教育的主要形态。

受生产力发展影响，人类经历了"从个别教育走向农耕教育"和"从农耕教育走向班级授课式的规模化教育"两次大的教育变革。随着互联网相关技术的快速发展，教育正在发生从班级授课式、标准化教育走向灵活、多样、开放、终身的个性化教育的第三次革命性的变化。

时至今日，很多教育系统受到第一次和第二次工业革命的影响，依旧延续标准化的直接学习模式，发达国家和发展中国家的许多教育系统仍然侧重直接教学和被动的学习形式。但是，在当今社会，创新已经成为经济向新的生产力水平发展的关键推动力。第三次和第四次工业革命引入了生产自动化和无形价值创造，这些新的因素使人们的工作方式发生了巨大变化。第四次工业革命将重塑每一个行业，重塑人类的工作、联系、交流和学习的方式，重塑教育系统的结构和体系，会使世界更数字化、更互联、更灵活和更智能。由此可见，转变教育模式以应对第四次工业革命对新工作和生产力的要求，已显得尤为重要。

LeapFrog（美国的一家教育创新机构）将创新社会时代的教育命名为教育 4.0。教育4.0的提出符合社会发展趋势，迎合了"创新时代"的社会需求。教育4.0是以互联网技术平台为信息载体及传输管道，以数字化、可视化的移动智能终端为人机交互界面，以满足学习者的心智体验及促进其心智发展为主要目标，以自组织（学习社群）结合其他组织（权威组织）为组织形式的教育形态。这正是对工业革命4.0需求的回应，旨在通过人类和技术的结合，实现新的可能性。

为了更好地呼吁社会、学校及相关部门推动系统变革，使年轻一代具备创建一个更具包容性、凝聚力和生产力的世界所需要的技能，世界经济论坛（World Economic Forum）于2020年1月发布了一份题为《未来学校：为第四次工业革命定义新的教育模式》的报告（以下简称《报告》）。众所周知，教育模式在促进人与人之间交流合作、学习互动方面发挥着关键作用，在转变教育模式的过程中，一个关键难题就是教育质量。在第四次工业革命中，实现高质量学习是确定教育模式创新的第一步。因此，《报告》提出了"教育4.0"的全球框架（图1-1），即学习内容和经验的八个关键特征，定义了高质量学习。

教育4.0的全球框架包含的八个关键特征为：全球公民技能、创新创造技能、技术技能、人际交往技能、个性化和自定进度的学习、可及性和包容性学习、基于问题和协作的学习、终身和学生自驱动的学习。

教育4.0是数字网络世界中满足工业4.0需求的教育，并且建立在数字能力教育、信息科学教育和媒体教育三大教育基础之上，以培养高素质数字化人才为目的。教育4.0时代对学习的新愿景促进学习者不仅学习所需的技能和知识，而且还确定学习这些技能和知识的来源。学习是围绕他们建立的，在哪里学习，如何学习，以及他们的学习表现有基于数据的跟踪。因此，这个时代的学习者不仅要会读写，更要通过学习创新，让自身能够获得可终身增长的知识和技能。教育4.0可以培养学习者的创新意识，帮助学习者根据社会的变化而发展自我。

第一章 | 在线教育的时代背景

个性化和自定进度的学习
从一个标准化学习系统转向一个基于每个学习者不同的个人需求，并有足够的灵活性可以使每个学习者能够按照自己的进度进步的系统。

可及性和包容性学习
从一个只有有机会上学的人才能学习的体制，转向每一个人人都有机会学习并因此具有包容性的系统。

基于问题和协作性的学习
从基于过程的内容分发到基于项目和问题的内容分发，这需要同行协作，并更紧密地反映未来的工作。

终身和学生自驱动的学习
从学习的体系，在一个人的一生中逐渐减少的体系，转向每个人都在现有技能上不断提高，并根据个人需要获得新技能的体系。

经验（利用创新教学法）

教育4.0
全球框架

全球公民技能
包括生成更广阔世界的意识，可持续性发展和在全球社会中扮演积极角色的内容。

创新创造技能
包括培养创新能力所需的内容，包含解决复杂问题、分析思考、创造和系统分析的能力。

技术技能
包括基于开发数字技能的内容，包括编程、数字责任和技术使用。

人际关系技能
包括关注人际情商的内容，即共情、合作、谈判、领导力和社会意识等。

内容（技能适应内在机制）

图1-1 教育4.0全球框架

• 5

2

第二节

智能技术的发展

2017年，人工智能加快了从研究、实验状态走向商业化、产品化应用的进程，因而被誉为人工智能元年。自2017年以来，全球加快了人工智能的普及应用，标志着人类社会真正进入了智能时代。

人工智能是指通过程序化的设置赋予机器感知和模拟人类思维的能力，使机器具备乃至超越人类智能。人工智能是新一代"通用目的技术"，主要研究运用计算机模拟和延伸人脑功能，其实质是"赋予机器人类智能"。这一概念最早可以追溯到20世纪中期，其研究起源于计算机之父阿兰·图灵在1950年提出的设想：机器真的能思考吗？回顾人工智能的产生与发展过程，其大致可分为孕育、形成、知识应用和综合集成这四个阶段。从人工智能的发展历程来看，运算力、数据量和算法模型是人工智能的三大要素。在其螺旋式上升发展过程中，大数据、云计算和深度学习这三大核心驱动力，共同促成了人工智能的突破性进展。

在人工智能快速发展的形势下，教育如何适应智能时代的需求，利用智能技术推进教学模式变革以及创新型人才培养，成为世界各国政府面临的重要挑战。美国2016年发布的《为人工智能的未来做好准备》提到要实施人工智能教育，扩大人工智能和数据科学课程，为人工智能推动经济发展培养需要的人才。2017年7月国务院颁布《新一代人工智能发展规划》，提出要发展智能教育，利用智能技术加快推动人才培养模式以及教学方法的改革，构建包含智能学习、交互式学习的新型教育体系，推动人工智能在教学、管理、资源建设等方面的应用。同年，国务院颁布的《国家教育事业发展"十三五"规划》也提出要"综合利用互联网、大数据、人工智能和虚拟现实等技术探索未来教育教学新模式"。可见，利用人工智能技术推进教育系统的变革与创新已经引起世界各国的高度关注。随着全国中小学教师信息技术应用能力提升工程2.0的实施，技术变革教育的诉求日益强烈，教育信息化2.0时代的教育系统整体性变革蓄势待发。

实际上，从早期的音视频、多媒体技术，到现代计算机、信息技术，再到现在的5G网络、大数据、区块链、教育机器人、虚拟现实、人工智能等，技术在教育发展中发挥着越来越重要的作用，成为推动教育改革发展的重要动力。与此同时，随着 AI 技术的成熟，机器的"学习能力"越来越强。它们除了能完成标准化、重复性的劳动外，在脑力劳动领域也在挑战着人类智慧，甚至有取代人类的趋势，这种趋势伴随着"深蓝""阿尔法狗""沃森"的出现越发明显。当机器具备了思考功能之时，人才培养目标的变革反向推动了教育体系要素之间的关联与互动，这极有可能会重新建构生成一种新的教育生态。因此，人工智能技术被认为是促变教育信息化的核心技术，具备促变教学的潜能。

在教育场景中，智能技术可提供以下四类关键技术服务：实现对从环境中感知到的信号、符号、素材等原始数据的处理，需要人工智能关键技术；对大量原始数据进行清洗、加工，并将其整理成为结构化数据即有用的信息，需要大数据关键技术；将从信息中提炼、加工的内容体系化并形成知识，需要知识管理关键技术；原始数据、信息、知识、智能的存在与使用需求的物理和信息载体等资源支持，需要资源关键技术。

人工智能在教育中的应用主要体现在两个方面：一是人工智能教育，即开展人工智能教育，广泛普及人工智能技术，培养智能时代所需的人工智能人才；二是"人工智能+教育"，即人工智能与教育的融合，类似"互联网+教育"。人工智能在教育领域中的应用主要有智能教学平台（系统）、全面智能测评、拍照搜索在线答疑、智能语音识别辅助教学及测评、教育机器人、模拟和游戏化教学平台等几类产品。人工智能在教育大数据的采集、分析、挖掘、决策支持等方面具有广泛的应用前景。

尽管离开教育理念谈技术应用几乎是没有意义的，但技术的发展却为新教育理念的实践与实现提供了条件和动力。尤其是近年来以人工智能技术为代表的新兴技术相继出现，例如，认知计算与个性化学习，富媒体内容、虚拟现实与沉浸式学习，全通道学习内容配送，智慧教室，学习数据与学习分析，等等，使得教育系统中进行变革与创新的机会大大增加。从技术促进教育创新与变革看，教育信息化支撑和引领教育现代化发展的作用日益凸显。我国教育信息化工作取得了突破性进展，已经从1.0迈进了2.0阶段，开启了智能时代教育的新征程。

智能时代，人工智能等新一代信息技术是实现教育生态重塑的有效手段，也是实现全球教育改革与发展共同目标、保障教育均衡和质量的最有效工具，走向智慧教育是智能技术重塑未来教育的最终目标。

3

第三节

教育供给侧改革

随着信息时代的到来和社会经济的发展，我国教育正在发生第三次革命性变化，极具网络化、智能化、个性化和全球化特征。中国能否经得住第三次工业革命的考验，关键在教育，核心在培养适应时代发展、具有创新能力的人才。

当前我国教育的主要矛盾已转变为标准化教育供给与多元化、个性化、优质、灵活、终身教育需求之间的矛盾。因此，传统的以学校为主体的教育服务供给模式已难以满足广大人民群众的教育教学需求，在供给渠道、供给内容、供给单元、供给方式、供给关系等方面面临着一些关键问题与挑战：以学校为主的单一教育服务供给渠道无法满足日益增长的优质教育需求；传统教育教学的标准化结果性评价无法满足个性化发展的需求；传统教育教学通常以结构系统完整的课程为供给单元，无法满足多种内容组合的需求；以面授为主的供给方式无法满足时空灵活的学习需求；传统教育供给关系导致教育服务与学习需求脱节。

互联网创造了一个全新的信息空间，以网络为基础，数据和信息在人类社会、物理空间和信息空间之间逐渐交叉融合、相互作用。人类教育正经历从二元空间向三元空间的变革，即从"物理空间-社会空间"转变为"物理空间-社会空间-信息空间"的三元结构。信息空间已然成为教育教学的新空间,不仅给教育提出了上述种种新的挑战,也带来了新的机遇。"互联网+教育"既可以实现传统教育所关注的规模,又可以实现优质教育所关注的个性化;既能够实现每个人都想要的公平,又能够实现跟每个人能力相匹配的高质量服务。在"互联网+"的助力下,教育破解规模和质量的永恒矛盾成为可能,还能够同时兼顾大规模和个性化。

面对教育的新矛盾、新机遇和新挑战,构建与新发展格局相适应的教育服务供给方式与体系成为教育供给侧改革的重要抓手,对支撑教育变革、推动教育高质量发展起着关键作用,多次成为国家政策文件中的重点。2015年7月,国务院印发《关于积极推进"互联网+"行动的指导意见》,明确提出鼓励互联网企业、社会教育机构和不同阶段学校探索新型教育服务供给方式,同时指出要把互联网的创新成果与经济社会各领域深度融合,形成更广泛的以互联网为基础设施和创新要素的经济社会发展新形态。

为了应对信息时代对教育的要求,世界各国正积极推进基于互联网的教育服务模式改革,我国基于互联网的教育服务创新实践也在蓬勃发展。近年来,我国高度重视以互联网为代表的现代信息技术在教育领域的深度融合和应用,"互联网+教育"创新实践为教育服务供给模式改革提供了众多有益探索。

"互联网+教育"作为一种利用新一代信息技术,以及更新教育理念、变革教育模式、推动教育创新发展的新形态,促进其发展是推动教育高质量发展的重要举措,是办好人民满意教育的有力抓手,是加快推进教育现代化、建设教育强国的必由之路。"互联网+教育"的跨界融合，将推进信息技术深度融入教学、管理、评价等领域内的关键性业务，一方面可提高这些业务的效率，另一方面可为这些关键业务提供完全不同的实施环境，从而优化其业务流程与模式，进而改变教育服务的基本流程、基本运作规则、基本的运作形态，最终引发教学、管理与服务体制的变革。重构教育的生产关系，教育服务供给的方式、形态与结构都会发生意义深远的变革。

在"互联网+"时代，能够有效解决传统教育教学结构性难题的众多供给模式可以被归结为五类。

第一，时空灵活的教育服务供给模式。其特点在于开放性和灵活性，在互联网的推动以及资源、技术和制度的支撑下，学校的优质教育资源可以更好地向校外扩散。互联网能够有效整合社会蕴含的丰富教育资源，促进弹性教学与灵活学习。

第二，消费驱动的教育服务供给模式。在教育教学服务中，提供方输出教育，构成"供给"，教育对象接受教育，构成"消费"或"投资"。教育领域在"互联网+"的推动下，开始深入探索和应用消费驱动的供给关系，以期有效解决由供给驱动模式带来的一系列结构性难题。

第三，碎片化的教育服务供给模式。以整体化为主的教育资源供给单元在"互联网+"的推动下逐渐走向碎片化。随着移动互联网在教育领域的深度应用，碎片化的教育服务供给模式可以使学习者借助碎片化媒体，利用碎片化时间，整合碎片化资源，进行正式与非正式学习。

第四，个性化的教育服务供给模式。个性化的教育服务供给模式既能满足不同学习者培养路径的差异化需求，也可以支持不同学习者学习结果取向的个性化差异，能够促进培养路径个性化和学习结果个性化。因此，个性化的教育服务供给模式具有数据性和生成性的特征。

第五，多元化的教育服务供给模式。多元化的教育供给模式可以充分调动社会力量，逐渐打破学校和社会之间的壁垒。任何有能力提供教育服务的主体都可以贡献自身力量。它能打破正式学习和非正式学习的壁垒，支持基于网络的自主学习、社群化学习、游戏化学习等各种学习方式。

在"互联网+"的推动下，以集中面授为主的教学逐渐转向线上线下融合、时空灵活的教学，教育服务的供给主体由单一化转向多元化，供给内容由标准化转向个性化，供给单元由整体化转向碎片化，供给方式由集中面授转向时空灵活，供给关系由供给驱动转向消费驱动。

以互联网为核心的新一代信息技术正在将人类从工业社会带入信息社会，并将从根本上改变工业社会的生存理念、组织体系和生活方式。面向教育4.0的创新发展，基于智能在线教育的供给侧改革，必然成为全球教育改革的潮流与重要议题。

第四节

后疫情时代的教育韧性

一、后疫情时代对教学的影响/冲击

新冠疫情期间,居家学习成了学生学习的主要途径。居家学习与课堂学习不同,学生的学习环境变了,由学校教室转变为家庭环境;师生关系变了,由零距离强关系变为远距离弱关系;教学组织结构变了,由同场地集中式组织变为不同场地散布式组织;管理方式变了,由班主任、班干部、小组长层级管理方式变为班主任、任课教师扁平化管理方式;信息技术的地位变了,由教学辅助手段变为必备基础资源。

同时,疫情的发生,学校的暂时关闭,学生接受教育的基本公平受到损害,教育质量难以保证的问题凸显。教育公平与质量问题主要体现在数字鸿沟扩大、弱势群体受限和教学准备不足等方面。根据《2019年世界宽带状况报告》的数据显示,互联网用户普及率为51.2%,发展中国家为45%,在最不发达国家仅为20%。新冠疫情下的大规模停课暴露了远程学习所需设备及技术分配不均的问题,这样的数字鸿沟严重影响着教育公平和教育质量。对于那些边缘学生群体或者有特殊需求的学生来说,学习的机会大大受到了限制。同时,教师的信息化能力也在很大程度上影响着教学效果,向智能在线学习的快速过渡,让教师在应对远程教学的态度和方法上显得准备不足,难以保证教学质量。

尽管教育系统抵御住了新冠疫情的冲击,但教育的中断仍在继续:从2021年2月到5月,大约30个国家的学校仍然完全关闭,60个国家的学校仍然部分关闭。在2021年6月至8月期间,越来越多的国家进入了学术休息期。2021年9月,许多国家的学术休息期结束后,大约17个国家的学校仍然完全关闭,39个国家的学校仍然部分关闭。从2020年3月至2021年9月,全球11个国家的约1.31亿学童错过了四分之三的面对面学习时间。其中,59%的人(即近7700万人)错过了几乎所有的面对面教学时间。这7700万学生来自6个国家。在这些国家中,孟加拉国和菲律宾受影响的学生数量6200万。大约27%的国家的学校处于继续完全关闭或部分关闭状态。这些问题反映了教育系统尚未具备防备与应对各种风险挑战的应急能力,凸显了教育系统的脆弱性。

二、面对后疫情时代的挑战,要增强教育系统的韧性

为应对疫情对学生、家庭、社区和社会等各方面带来的的挑战,联合国儿童基金会以欧洲和中亚地区为例,探讨后疫情时代的教育问题,并在此基础上发布报告《构建后疫情时代韧性教育系统:国家、地方和学校各级教育决策者的应有思考》,该报告提出,要以"重建得更好"为应对新冠疫情和恢复教学秩序的核心原则,创建安全与韧

性的教育生态环境。在突发公共卫生事件后的恢复、复原和重建阶段，各国应着重降低疫情前教育系统的脆弱性，并将减轻突发公共卫生事件风险等理念纳入重整开发，增强教育系统韧性，即实现教育系统与外界环境的相互促进。

增强教育系统的韧性，提升其应对各种风险的应急能力，应成为后疫情时代全球教育治理的重要课题。教科文组织认为，"当前的危机将在教育机会、教育质量、教育公平和教育管理等方面给教育系统带来长期影响，并且很可能会持续到新冠疫情结束之后。此外，疫情带来的灾难、冲突和暴力风险正日益普遍，这表明我们越来越需要通过预防、准备和放缓活动来加强教育部门的抵抗风险能力"。

这场全球危机不仅冲击了教育系统，也引发了大家对教育的重新认知，倒逼改革教育系统去适应新的学习方式。疫情危机促使教育系统成了变革的先锋，使之更具韧性的应急能力。同时，全球新冠疫情警示我们，要充分运用智能技术提供教育服务，这种数字化转型是增强教育系统韧性行之有效的思路与取向。经过此次疫情，这已成为大多数人的共识。

三、后疫情时代呼唤智能在线教育

不可否认，这一场疫情给教育系统带来了前所未有的挑战，引发了人们对教育系统在应对全球系统性风险时其脆弱性的担忧，但也给全球教育变革创造了新机。教育信息化1.0时代，我国已实现了"三通两平台"建设与应用的快速推进。新冠疫情初期，我国之所以能够迅速实施超大规模的智能在线教学与居家学习，这一数字化转型成果发挥了巨大的韧性作用。

加强在线教育是联合国教科文组织明确提到的增强学习系统韧性的首要方法。作为一种新兴的教育模式，智能在线教育并非传统教育模式的补充，更不是简单的"互联网+传统教学方式"，而是一种相对独立的教育模式，是信息化时代的必然产物，代表着以互联网为基础的支持服务和创新要素，旨在重塑教学内容、重构教学结构、再造教学流程和创新教学方法，变革现有教育组织模式、服务模式和教学模式，进而构建智能时代新型教育生态。

智能在线教育具有不同于传统教育的教学资源、教学时空、教学流程等，这使其在有效教学和个性化学习中呈现诸多优势。

第一，智能在线教育突破了传统教育时空限制，服务了全民终身学习。智能在线教育通过借助现代技术手段促使知识表征方式越来越丰富多元，教育教学资源也更加凸显出无限的可复制性和广泛的通达性，从而实现对传统学习时间和空间界限的突破，显著增加了人们的学习机会。

第二，智能在线教育促进了优质教育资源共享，推进了教育均衡发展。智能在线教育依托现代信息技术、移动设备共享优质教育教学资源，有助于打破知识的垄断，从而使优质教育教学资源能得到更大范围的传播，在一定程度上促进教育的公平和均衡。

第三，智能在线教育革新了传统教育流程，带动了教学的结构性改革。智能在线教育借助大数据、云计算、云储存、数据挖掘等技术能够精准分析学习者的学习风格和学习需求，为学习者提供一种个性化的自适应学习。智能在线教育的智慧性和自适应性赋予了学习者自主探索和独立思考的可能，使学习者真正成为学习的主体，实现了教育流程再造。

这些优势使得智能在线教育在推进教育均衡发展、增强教育系统韧性、服务全民终身学习以及带动教育教学结构性变革中发挥着重要作用。

首先，在疫情冲击下，人们开始重新认识教育，智能在线教育也迎来了重要的发展契机。疫情期间的"停课不停学"是一次史无前例、规模空前的智能在线教育大实验，在短时间内积累了大量的经验与教训。其次，疫情所带来的特殊情境，使得人们对智能在线教育的质疑和阻力降到最低，对开展智能在线教育教学的必要性和紧迫性的认识空前提高，智能在线教育迎来了难得的大发展机遇。最后，人们对教育变革的必要性和紧迫性的认识得到大幅提升。可以预见的是，人们对教育理论、教育观念的探讨将进一步升温，对教育信息化的方向、路径、方法的检讨和反思也将得到重视，对教育技术学科和专业建设的反思也将持续深入。

此外，疫情期间的智能在线教学实践也显现出目前教育系统缺乏转型战略预备、技术设施不配套、数字能力未就绪、教学创变起点低等问题，暴露了教育系统所存在的潜在风险和脆弱性。由于外部危机随时可能冲击和影响教育系统，教育系统必须要习惯并善于应用数字技术，特别是要从线上线下"混合学习"做起，将混合学习作为新常态，同时狠抓数字文化建设，通过教育数字化转型进一步增强教育系统韧性。

经历这次全球新冠疫情，数字化转型以及充分利用智能在线教育增强教育系统的韧性成为后疫情及"十四五"时期，教育信息化发展的重要任务。韧性生态系统的短期、中期、长期建设规划可分别侧重OMO教育生态、全媒体教育生态、智慧教育生态。经疫情期间大规模的智能在线教育实践以后，互联网越来越成为教育改革创新发展的内生变量，也越来越能适应教育服务供给需求的变化，正在不断助推教育转段升级。

后疫情时代，教学会逐渐从实体空间转移到虚拟空间，并呈现出一种大规模社会化协同的形态，学校的围墙也会被打破，智能在线教育与学校教育双向融合的新生态正在形成。未来信息化和教育教学的融合将会加速，混合式教学将成为未来教学的新常态。

后疫情时代将是一个持续时间长又充满普遍性与不确定性的历史阶段。智能在线教育的快速发展有力地推动了后疫情时代的教育重建以及教育系统韧性的增强，但其面临的学习者困境、教育质量困境和在线教育管理困境也饱受诟病。毫无疑问，智能在线教育将在未来教育发展中占据重要地位，对这一新型教学模式进行系统全面的总结反思，对于推动在线教育发展意义重大。

第二章

智能在线教育的基本概念

第一节

在线教育的发展脉络

一、函授教育

远程教育经历了函授教育、多种媒体教育和现代远程教育三个历史阶段，在我国目前的成人高等教育体系中，远程教育呈现"三代同堂"的现象，函授教育仍然是高校成人教育的一种相对独立的办学形式。

传统函授教育是学生以自学为主、面授为辅，师生间以信函、电子邮件及电话等形式来完成教学任务。其教学过程包括入学、面授（含实验）、自学、考核、撰写毕业论文等环节。

最早的成人函授教育起源于1840年的英国，它开辟了人类历史上成人远程教育的新纪元——第一代远程教育。1938年，国际函授教育理事会在加拿大维克多成立，标志着函授教育阶段的正式形成。

20世纪上半叶是我国教育技术发展史上的起步时期，在我国远程教育发展史上只是一个萌芽和准备时期。

我国函授教育产生于20世纪初。1902年，蔡元培等人在上海成立中国教育会，创办初期以编写教科书为主，其后应用通信教授法，刊行丛报成为我国传统函授教育的始源。联合国教科文组织在20世纪70年代末曾将函授教育定义为："函授教育是以邮递服务的方式，而不是以教师和学生之间面对面接触的方式所实施的教育。"

二、电化教育

在我国，应用各种视听技术媒体开展以成人为对象的各种社会电化教育和以学校学生为对象的正规学校电化教育也是起始于20世纪初。我国的电化教育源于电影教育和播音教育，自20世纪20年代起开始利用幻灯片、电影进行教学。此后，广播、电唱、录音等也逐渐在教育中引进和发展起来。

1936年，当时的国民政府"教育部"决定把电影教育与播音教育合并管理。随着"教育部"电化教育人员训练班的正式开课与结业，"电化教育"这一名称在全国范围内正式成为唯一的有关电影教育与播音教育官方确定的专用术语。

"电化教育"概念按照当时教育界的原初称谓，可将其概括为：在现代教育理论和思想指导下，主要运用现代电化媒体幻灯、电影、广播及其技术进行教育教学活动，以提高教育效率的教育教学方式与技能。

三、现代远程教育

远程教育作为新型的教与学形态，其本质特征为教师和学生的相对分离，也是教的行为活动与学的行为活动的相对分离。正是这一本质属性使远程教育有别于口授即面授的、基于课堂班级集体的传统教育。

一般来说，现代远程教育就是指第三代远程教育，主要是20世纪末发展起来的以网络技术和多媒体技术为特征的远程教育，是远程教育的最新形态。

由此可以看出，现代远程教育是在教育教学过程中，学习者与教师、学习者与教育机构之间准永久性分离，通过多种现代传播媒体与技术实现非面对面的教育教学形式。现代远程教育理论是对利用现代视听和信息技术手段而形成的远程教育现象的理性认识，是对远程教育特点和规律的系统把握和阐述。

现代远程教育也可以理解为是师生凭借现代网络技术与多媒体技术所进行的非面对面的教育。它是信息技术和互联网在远程教育领域的新兴应用，对此人们使用了一个新的名词——"在线学习"（E-Learning）来描述。基于计算机和网络技术的现代远程教育发展越来越快，其应用也越来越灵活，其最显著的特征可以用"五个任何"来概括，即任何人，在任何时间、任何地点，从任何章节开始学习任何课程。由于它在学习方式上最为直接地体现了现代教育和终身教育的基本要求，因此越来越受到人们重视。在现代远程教育或在线学习条件下，远程教学和远程学习常常被称为网络教学和网络学习。

需要指出的是，新的远程教育形态的出现与应用并不意味着否定和抛弃原有的远程教育形态，函授教育和多种媒体教育等形态将继续发挥作用。

四、在线教育

在线教育是由最初的远程教育发展而来的，最早的远程教育可以追溯到19世纪的函授教育。20世纪90年代以后，远程教育进入了主要依靠信息技术的在线教育阶段。

疫情期间，师生、生生分离。为确保教学的顺利开展，教师们纷纷采用了在线学习的教学形式，即借助互联网技术组织学生开展时空分离的线上学习以尽可能减小突发疫情对于常规教学的冲击。在线学习是随着多媒体和互联网技术的迅速发展及其在远程教育领域的广泛应用而发展起来的一种学习方式。

更广泛意义上的在线教育即在线学习。最早由希尔兹（Hiltz）于1994年提出了在线学习概念：在线学习是指将某一课程的主页及相关资料置于Web之中，形成一个共享的虚拟学习空间，以达到一种面对面（FTF）学习效果的网络应用。吉利·西蒙（Gilly Salmon）认为"在线教育"中的"在线"一词来源于电话时代（19世纪70年代），而今的"在线"主要是指"在线网络"（online networking），而基于计算机媒介通信的培训和学习是最常见的在线教育形式。桑托罗（Santoro）于在线教育出现的初期提出在线教育可被划分为三种类型：通过万维网等通信手段以数字化的方式访问图书馆资料和数据库学习资源；在线或者离线形式的计算机辅助教学；依靠计算机和通信网络的在线会议。

狭义的在线学习是指教与学的所有参与者都要同时在线并且互联；广义的在线学习指所有通过计算机网络特别是互联网实现的教与学活动。我国的在线教育指的是广义上的教育，包括教师、教学平台、教学内容、学习者等基本要素，是涉及教育部认可的体制内的教育，以及体制外市场上存在的各类培训和辅导等。

由此可见，学术界对于"在线教育"一词并没有一个统一的定义，对比其他教育和学习形式，在线教育具有以下特征：相较面授教育而言，学习者与教师在时间和空间上是分离的；相较自学而言，教育机构在学习过程中对学习者存在影响；通过使用互联网和计算机来传递和展现学习内容；通过计算机网络，学习者之间、学习者同教师之间可以进行双向交流。

关于在线学习的内涵，不同学者作出了不同的界定。从绩效结果的角度来看，在线学习是将教育和互联网技术相结合，并最终产生或建构出新知识的活动，是借助互联网传播和提供一整套知识解决方案，从而达到创造知识并提高知识所带来的绩效的过程。从组织形式的角度来看，在线学习是"通过因特网或其他数字化内容进行学习与教学的活动"，是指学习者通过应用计算机网络通信技术，获取学习相关的数字化资源而实现的一种远程学习形式，是互联网应用程序支持的学习。虽然不同学者对于在线学习的内涵解释不同，但核心基本一致，即在线学习是依托互联网技术而开展的一种远程学习形式，学习者在此过程中建构并创造知识。"通过技术对任何学习活动的支持"都属于技术促进学习的范畴。技术促进学习是"应用电子通信和基于计算机的教育技术进行的任何学习，包括有限开展技术促进学习增强面对面教学以及在'混合式教学'和纯'在线'教学中开展技术促进学习"。因此，在线学习本质上是一种技术促进的学习。

综合以上内容可以得出，狭义的在线教育是正规的学校教育，即教师和学生时空分离，教与学的行为分离，利用互联网技术把教师、学生和资源重新联系起来的一种教育形式。广义的在线教育泛指一切利用互联网技术增进人们的知识和技能、影响人的思想品德的活动。

我国在线教育在政策引导、课堂教学改革、技术进步的共同驱动下，呈现出技术和教育不断融合与创新的发展趋势。根据在线教育发展过程中在线教育实践发挥的不同作用和表现的不同形式，在线教育发展可分为三个阶段（图2-1）：开放共享阶段；混合式教学阶段；"互联网+教育"阶段。在开放共享阶段，在线教育的主要实践形式是网络教育和数字资源共享，其主要作用是优质教学资源的共享和传播，以促进教育公平为主要目的。在混合式教学阶段，在线教育的主要实践形式是翻转课堂和习本课堂，其主要作用是推动传统课堂教学方式改变，以提高教学质量为主要目的。在"互联网+教育"阶段，在线教育的主要实践形式是大规模在线开放课程，比如，可汗学院等，其主要作用是优化教育服务供给方式、重构教育组织体系和创新人才培养模式，以构建为全民终身学习服务的教育体系为目的。

图2-1 我国智能在线教育发展脉络

通过梳理发展脉络不难看出，我国在线教育从校外教育逐渐发展为学校教育的重要组成形式，互联网共享平台逐步发展为全新的教育教学空间。

五、智能在线教育

智能技术发展至今，其重要性已获广泛认同，将智能技术赋能教育的需求随之产生。智能技术与在线教育的整合，促进了智能在线教育的发展。

智能在线教育，是人工智能、大数据、云计算、物联网为代表的智能技术赋能的在线学习，为学习者提供精准化的课程内容、自适应的学习支持服务、情境化沉浸式的互动方式，可使学习者在任何时间、任何地点，可按照自定步调开展个性化学习，促进其有效、投入和高效地学习。

智能在线教育依托人工智能类学习产品开展教学和学习，涵盖各种类型的正式学习、非正式学习和非正规学习。

当前，人工智能技术正在引发大数据分析技术、虚拟现实技术、可穿戴技术等的交叉融合，数字教育资源子系统正走向智能化学习资源环境，管理与决策子系统智能化程度大幅提升，交流与对话子系统朝着自然交流与对话的方向发展。人工智能技术驱动的技术交叉与融合正逐步渗透到教育领域，形成了以人工智能技术为核心的新一代智能在线教育技术集群，推动了人机交互入口和决策服务的智能化。

智能在线教育借助智能技术，使得无处不在的学习数据为学情分析、学习内容调整、学习量化评价等提供便利，为自适应学习深入发展奠定数据基础。就学习评价的自适应而言，智能在线教育重点关注学习者在线学习行为的数据分析、评价算法以及评价内容范畴。量化自我是教育大数据分析与自适应学习实现的关键途径之一。

在线教育的主要实践形式是大规模在线开放课程，基于社会认知理论的在线开放课程的学习行为模型、学习情境将对在线学习行为产生重要影响。为提升智能在线学习的学习效果，智能在线教育系统通过其广泛的用户基础及完善的交互功能，开通了情境式直播交互服务，通过智能系统为学习者提供情境化的学习资源服务，并以此作为生生交互的工具。学习者在课程主题单元下，可以自由分享学习过程与学习体验，缓解学习过程中的孤独感。

大数据时代的在线学习，可以实现全面记录、跟踪、掌握和可视化学习者的不同学习特点、学习需求、学习基础和学习行为，为不同类型的学习者打造个性化的学习路径。每个人的学习内容将不再千篇一律，基于大数据的在线学习会动态呈现用户个性化的学习轨迹。可见，大数据学习分析让教育变得千人千面，暗合了"因材施教"的理念，让学习变成了了解自我、唤醒自我并实现自我的过程，恰好适应了个性化和人性化的学习变化。

自适应学习关注学生间的个体差异，智能在线教育系统会根据每位学生的具体学习情况，精准化推送学习内容，使拥有不同学习步调、不同学习风格与不同特长的学生都有最适合自己的学习内容，最大化维持其自身的学习兴趣与学习优势，以追求最优化学习效果。

根据以上内容，智能在线教育特征表现为以下五个方面：智能化、自适应、情境化、个性化、精准化。过去的在线教育理念，仍然处于以教师为中心转为以学生为中心的过渡阶段。大数据及人工智能时代的在线教育理念，将彻底转变为以学生为中心。正如大数据及人工智能在其他行业应用之后引起的巨大理念变革，对于在线教育产业而言，大数据、人工智能等智能技术带来的智能在线教育变革也将是颠覆性的。

第二节

在线学习的理论基础

一、自主学习

自主学习这个概念，英文有"Self-Regulated Learning""Self-Regulation of Learning""Self-Regulation academic Learning"等说法。在教育学领域，研究者把培养学生的自主学习能力作为一项重要的教育目标，重点探讨促进学生自主学习的有效教学方法。

社会认知学派的齐莫曼（Zimmerman）从1986年起就探讨过自主学习的概念。他认为，当学生在元认知、动机、行为三个方面都是一个积极的参与者时，其学习就是自主的。在元认知方面，自主学习的学生能够对学习过程的不同阶段进行计划、组织、自我指导、自我监控和自我评价。在动机方面，自主学习的学生把自己视为有能力者、自我管理有效者和自律者。在行为方面，自主学习的学生能够选择、创设使学习达到最佳效果的环境。

我国学者庞维国主张从学习维度和学习过程两个角度来定义自主学习。从学习维度来看，如果学生本人对学习的各个方面都能自觉地作出选择和控制，其学习就是充分自主的；从学习过程界定自主学习是指从学生学习活动的整个过程来阐释其自主学习的实质，如果学生在学习活动之前自己能够确定学习目标、制订学习计划、做好具体的学习准备，在学习活动中能够对学习进展、学习方法做出自我监控、自我反馈和自我调节，在学习活动后能够对学习结果进行自我检查、自我总结、自我评价和自我补救，那么他的学习就是自主的。根据上述定义，可以概括出自主学习的三大特征：能动性、有效性、相对独立性。

基于对自主学习及其影响因素的分析，齐莫曼和里森伯格提出了系统地促进自主学习的方法。概括起来，包括如下四个方面：

激发学生内在的学习动机；

注重教授学生学习策略；

指导学生对学习进行自我监控；

教会学生利用社会性和物质性的资源。

在线学习是对传统学习方式的一种颠覆，学生的约束力降低，教师难以进行管理，因此需要学生具备较高的信息素养，尤其是在线自主学习更考验着学生们的信息素养。学生在线学习需要做好以下几点：

正确看待和使用电子设备，学会利用丰富的网络资源进行学习，熟悉在线学习的特点、方法和规则，防止沉迷于网络游戏、浏览不良信息、产生"手机依赖"和"网络依赖"等不良习惯和消极情绪；

学会在线互动和协作，能够与不同知识背景和学习特长的学生围绕某个问题相互协作；

学会利用平台（如网络学习空间人人通）的各项功能，尤其是要充分利用平台记录的各种数据进行学习分析。

为提升学习者的自学能力，教师应鼓励、督促学生大胆实践，培养其在线自主学习的好习惯。学习力是学生终身的能力，教师应让学生学会科学学习，提升其学习动力、学习毅力、学习能力，着眼于学生线下的学习后劲，还应侧重于提升其解决问题的能力和高阶思维能力。教师要让学生通过整理和复习旧课、查阅资料、在网上参与讨论和交流等，不断提出"新问题"，并协作解决问题，在此过程中不断加强和重构他们原有的知识结构，提升他们的高阶思维能力。

二、社会化学习

社会化学习（Social learning）最早起源于阿尔伯特·班杜拉（Albert Bandura），其核心观点是个体通过观摩他人的行为而进行潜移默化的学习，最终形成新的行为或者改变原有行为习惯的过程。布莱克摩尔（Black-more）则认为社会化学习是一种通过个体在社会情境中的学习以及交互进而促进群体学习的过程。

社会化学习的概念近年来被广泛提及，与互联网技术深度发展、社会/社交网络以及新一代社交平台的兴起密切相关。如，托尼·宾汉姆（Tony Bingham）和玛西娅·康纳（Marcia Conner）在《新社会化学习》一书中，强调社会化学习是通过社交媒体促进组织转型，从而改变组织及组织中个体的学习方式。加拿大学者乔治·西蒙斯（George Siemens）阐述了联通主义思想，认为互联网技术的发展改变了社会结构，而社会结构的变化又影响到学习模式的改变。他认为，网络时代的学习模式，重点是建构一个联通各个知识点的社会网络，而不是知识（内容）及认知行为本身，凸显的是社会网络化学习思想。国内也有学者认为，社会化学习是一种新的学习范式，这种范式是依托现代信息技术，将分布世界各地且具有相同兴趣的人"网罗"到一个稳定的社交平台，允许他们按照自己的方式和喜好，创造个体学习网络，以实现群体性创作与分布式的内容共享。

有效的学习环境应该促进学习者之间的社会性参与和交互，通过构筑"学习共同体"促进知识的社会建构，让学生在一定的认知支架帮助下，共同跨越"最近发展区"，从而顺利进入认知发展的新阶段。在线学习社区存在明显的在线社交网络特征，学习者在在线学习社区中必须建立社交关系，进行交互、交流沟通，分享知识和确立情感关系，这将有利于形成较好的学习氛围并提升其学习绩效。

于在线学习环境中，为了实现高效学习，增强在线学习的社会性，学生可以做好以下几点：

学习者可以根据自身需要积极展开与小组、集合体和网络的交互，通过提高对共同关注的学习内容的社会性参与及社会性贡献，从而进行知识的社会性创造，逐渐从共同体的外围走向核心，逐步从新手变为专家；

建立更多、更优质的知识管道，关联更多高品质的知识网络，进行深度交互和知识创新。将知识网络与人际网络进行无限延伸，使得学习活动日趋复杂，将学习者的角色转变为教学者，逐渐由接受知识变为创造知识。

三、联通主义学习

计算机网络的应用改变了人类的学习方式，如何解释互联网环境下的学习现象？行为主义、认知主义、建构主义等学习理论对此皆束手无策。联通主义（Connectivism）为该现象提供了一个新的解释框架。

联通主义有时也译作"连通主义"或"关联主义"，认为"学习无非是一种网络联结和网络创造物"。联通主义表述了一种适应当前社会结构变化的学习模式。学习不再是一个人的活动，而是联结专门节点和信息源的过程。网络中存在很多的节点，每个节点可以是一个完整的人，也可以是一个数据库、图书馆等，而学习者是其中的一个节点，只有当节点与节点相连通时，学习才得以发生。即学习是建立网络的过程。

联通主义建立在这样一种理解上，即知识基础的迅速改变导致决策的改变、新的信息持续被获得、区分重要信息与非重要信息的能力至关重要。联通主义的起点是个人，个人的知识组成了一个网络，这种网络被编入各种组织与机构，反过来各种组织与机构的知识又回馈给个人网络，以供个人继续学习。

联通主义学习理论适应了社会结构的变化，是对网络学习作出合理解释的新的理论框架，是未来学习发展的新范式。对照布鲁姆等提出的认知领域教育目标与过程分类模型，不难看出，联通主义学习主要适用于分析、评价和创新层次的目标，还适用于通过汇聚群体智慧实现知识创新为主要目的的教学。在实践中最典型的例子就是以网络建立为目的的cMOOCs（一种新兴的在线课程开发模式）类课程。

根据联通主义的内容，我们可以获得以下启示：

在社会化认知网络中，学习者应该作为社会化网络知识节点的主动连接者进行关联学习，根据其节点互动行为将其角色定位于交换者、吸收者、分享者三种不同的类型，并伴随不同时期、不同阶段知识供求的变化，在三者间进行切换；

应该成为建构与完善自身认知网络的发起者与实施者，以实现对自身认知网络的重塑。

四、自适应和个性化学习

1. 个性化学习理论

个性化教育是当代国际教育思想改革的重要标志之一。随着社会的发展、科技的进步，个性化学习的含义也在与时俱进，不断变化。早在 20 世纪初个性化学习的概念已经出现，当时的个性化学习指的是依据学生的个性特征和未来发展的方向，满足学生个性化需求的学习。英国教育与技能部在2004年提出个性化学习的概念，指出个性化学习主要包括五个维度：课程选择、学校管理、课堂外拓展、学习评估和有效教学（表2-1）。这五项基本要素几乎包涵了影响学生学习过程的各个方面。

表 2-1 个性化学习的基本要素

个性化学习				
课程选择	学校管理	课堂外拓展	学习评估	有效教学
学生的学习选择 范本与资料 课程定制 资格标准指导	教学管理与领导 个性化学习设施建设 行为表现及出勤管理	家长参与 社会学习 网络支持 商业合作	个人目标的设置 有效数据的应用与传输 同学及个人评估的有效反馈	学习的课程 教学的策略 互助且包容的教学方案 课程中的信息通信技术（ICT）

近年来，随着信息通信技术的迅速发展，人们利用各种方法实现了学习的个性化。"人工智能+"时代的来临，在整合教育大数据、机器学习、学习分析等先进技术的基础上，智能教育云服务可以为学习者提供个性化学习服务，以支持其自主发展，这破解了教育在个性培养方面不足的难题。同时，在新兴技术的支持下，自适应学习横空出世，颠覆了传统的学习模式，致力于给学生提供个性化的学习体验。自适应学习系统的个性化匹配方式可以根据学生的学习风格提供不同的学习内容。2010年，美国国家教育技术计划（national education technology plan）把个性化学习就定义为自适应定步（adaptive pacing），提倡教学方式应切合学生个性，教学内容应符合学生兴趣。2017年，他们又将该定义进行了细化，指出个性化学习是学习进度和学习方式按照每个学习者的个性而定制的学习过程，学习内容、教学

方式都有可能根据学习者的需要而变化。

个性化学习的目标是要实现有意义的学习，在学习过程中学习者通过个体、行为、环境多维联动，实现多向交互反馈，最终通过其是否掌握内容及其所处目标层级判别其是否达成目标。由此可见，个性化学习具有学习资源的多维性，学习价值追求的多重性，学习风格的独特性，学习过程的终身性，以及学习方式的自主性、合作性与探究性等特征。

2. 自适应学习理论

自适应学习理论的产生由来已久。自适应学习理论贯彻"以学生为中心"的教育理念，基于学生的个体差异进行学习资源、学习方式、学习内容等方面的动态支持，是人工智能时代出现的一种全新的实时互动学习模式。学习者可以自己组织学习时间、制订学习计划，按照自身的特点选择合适的资源进行学习，打破了原来固有的按部就班的学习的规律，是一种十分高效的学习方式。

这种学习需要利用自适应学习系统来完成，系统主要由"知识媒体"所组成，它可以为远程学习提供更为优越的前提条件，可以以不同于传统的方法使远程学习更为简单、更为高效、更具有个性化。在这种自适应学习系统支持下的学习，我们称之为自适应学习。在这种学习方式下，学习者通过自身原有的知识经验与自适应学习系统进行交互活动来获取知识、获得能力。

3. 个性化自适应学习

随着云计算、物联网和移动互联技术的快速发展，我们由信息时代迈入了数据时代。尊重个体差异，促进个性化学习，是教育改革核心理念之一。在教育大数据背景下，以个性化学习和自适应学习为基础，"个性化自适应学习"日益成为教育界关注的热点问题。个性化学习包括"个体特征"与"个人发展"两个核心要素，自适应学习包括"个体特征""个人表现""适应调整"三个核心要素。融合二者可得到个性化自适应学习的核心要素：个体特征、个人表现、个人发展、适应调整。

个性化自适应学习（personalized adaptive learning，PAL），即在自适应基础之上，学习内容更体现学生特点和需求，能够体现"以学习者为中心"的学习理念，并且与智慧教育的主张不谋而合，成为教育技术的一个新的研究范式。在数字化学习环境中，个性化自适应学习是指基于学习者个性特征差异提供个性化的学习服务，记录、挖掘和深入分析学习者学习行为的历史数据信息，以可视化方式呈现数据结果，以评估学习者的学习过程、发现潜在问题和预测其未来表现，并进行个性化干预、指导，最终促进有效学习的发生。具体来说，就是根据学生的特点（已有知识、学习风格等）和其他信息（年龄、性别、兴趣等）数据将学生进行分组，学习系统可以根据学生特点和需要为其推荐学习内容，教师针对不同特点的学生为其提供丰富的学习材料，学生可以自己选择学习材料、测评方式等。

个性化自适应学习要求教师能够适时调整教学策略。AI机器通过不断"学习"来获得教师教学智慧，教师通过更新"认知"来评估AI机器决策、启发自身决策。目前，教育中比较有潜力的AI机器学习技术主要有三类：深度学习技术、强化学习技术、迁移学习技术。自适应学习平台可以从学生的学习特点、需求、偏好等方面全面获取相应的数据资料，并向不同的学生推荐个性化的学习路径，通过动态调整教学策略，以期满足学生的个性化需求，增强学生的学习效率。

为了全面记录、跟踪和掌握学习者的不同学习特点、学习需求、学习基础和学习行为，并为不同类型的学习者打造个性化学习模式，大数据学习分析方法主要采用统计学方法、知识可视化技术、个性化推荐技术、数据挖掘技术和社会网络分析法等。

统计学方法主要运用相关分析和回归分析，确定影响学习者交互行为与成绩相关因素并构建结构模型，起到预警作用。

知识可视化技术使学习者更加易于理解知识资源，促进学习者对知识的主动建构及知识迁移。

个性化推荐技术主要基于内容推荐技术和协同过滤技术，系统可依据学习者特征个性化自适应推送学习资源、学习路径等。

常用的数据挖掘技术有预测、聚类、关联规则挖掘等，用于收集、处理、分析学习交互行为，提炼出有价值信息，了解学生已经掌握什么和没有掌握什么，然后实施教学干预，从而改进教学。

运用社会网络分析法，可以形成人际网络，不但可以了解学习者如何在网络学习中建立并维持关系从而为自己的学习提供支持，还可以判断哪些学习者从哪些同伴那里得到了启示，学习者在哪里产生了认知上的困难，又是哪些情境因素影响了学习者的学习过程等。

当然，最为关键的是要考虑综合运用这些技术，通过大数据设计为提高学生成绩提供个性化自适应学习分析系统，同时要确保系统性能良好、具有可用性和可扩展性。

第三章

智能在线教育的政策环境

在现今智能时代，在线教育逐渐成为一种新型的教育方式。为推动数字资源服务普及，不断扩大优质教育资源覆盖面，提升教育服务供给能力，中小学教育至高等教育都着手加速新一代信息通信技术在教育领域的应用，切实提升在线教育的育人工作实效（表3-1）。

人工智能技术支持学、教、管、评等教育活动，利用智能化手段赋能在线教育，可准确了解学生的学习能力、学习习惯、学习风格等，推动了智能在线教育的发展。

第一节

人工智能教育

人工智能教育，是人工智能与教育的深度融合与发展。它强调资源的多样性和非结构化，能随时为学生提供个性化的学习资源。人工智能赋能在线教育，能够感知周围的教学环境，随着教学环境的变化而作出适时、恰当的反应，还能提供教育服务，能依据教师、学生的特征和需求，提供精细、富有实效的个性化教育服务。

人工智能是引领新一轮科技革命、产业变革、社会变革的战略性技术，正在对经济发展、社会进步、国际政治经济格局等方面产生重大而深远的影响。教育部为落实《国务院关于印发新一代人工智能发展规划的通知》，于2018年4月印发《高等学校人工智能创新行动计划》的通知。2020年1月，教育部、国家发展和改革委员会（以下简称"国家发改委"）、财政部制定了《关于"双一流"建设高校促进学科融合 加快人工智能领域研究生培养的若干意见》，旨在加快发展新一代人工智能的重要部署，进一步提升高校人工智能领域科技创新、人才培养和服务国家需求的能力，还表明要加快人工智能在教育领域的创新应用，利用智能技术支撑人才培养模式的创新、教学方法的改革、教育治理能力的提升，构建智能化、网络化、个性化、终身化的教育体系，并指出这是推进教育均衡发展、促进教育公平、提高教育质量的重要手段，是实现教育现代化不可或缺的动力和支撑（表3-1）。

2021年7月，教育部等六个部门为加快推进教育新基建，构建高质量教育支撑体系，发布《关于推进教育新型基础设施建设构建高质量教育支撑体系的指导意见》，提出要坚持创新引领，深入应用5G、人工智能、大数据、云计算、区块链等新一代信息技术，推动教育数字转型；把好数字资源准入关，探索人工智能技术支持下的数字教育资源内容审核，推动智能实验室建设。

为了"双减"政策的落实，2021年9月，教育部办公厅进一步发布《关于推广学校落实"双减"典型案例的通知》，指出要通过人工智能校本作业本，实现分层、个性化布置作业，做到精准到校、精准到班、精准到人；把人工智能、大数据分析等先进技术应用到学生日常纸质作业中，依托智能教学和智能学伴等应用助手开展个性化教学。

2022年以来，教育部等多部门先后发布《关于加强普通高等学校在线开放课程教学管理的若干意见》《新时代基础教育强师计划》等通知提出，对高等学校的学生而言，要运用人工智能、大数据、区块链等新一代信息技术，依法依规对身份认证、课程内容、讨论记录、学习数据实施监控，有效识别学生的"刷课""替课""刷考""替考"行为；对教师发展而言，要深入实施人工智能助推教师队伍建设试点行动，探索人工智能助推教师管理优化、教师教育改革、教育教学方法创新、教育精准帮扶的新路径和新模式，总结试点经验，提炼创新模式，逐步在全国推广使用，进一步挖掘和发挥教师在人工智能与教育融合中的作用。

表 3-1 我国人工智能教育相关政策

时间	发布部门	政策	主要内容	政策性质
2018.4.2	教育部	《高等学校人工智能创新行动计划》	到2020年，基本完成适应新一代人工智能发展的高校科技创新体系和学科体系的优化布局；到2025年，高校在新一代人工智能领域科技创新能力和人才培养质量显著提升；到2030年，高校成为建设世界主要人工智能创新中心的核心力量和引领新一代人工智能发展的人才高地	支持引导类
2020.1.21	教育部、国家发改委、财政部	《关于"双一流"建设高校促进学科融合 加快人工智能领域研究生培养的若干意见》	深化人工智能内涵，构建基础理论人才与"人工智能+X"复合型人才并重的培养体系，探索深度融合的学科建设和人才培养新模式，着力提升人工智能领域研究生培养水平，提供更加充分的人才支撑	支持引导类
2021.7.1	教育部等六个部门	《关于推进教育新型基础设施建设构建高质量教育支撑体系的指导意见》	坚持创新引领，深入应用5G、人工智能、大数据、云计算、区块链等新一代信息技术，充分发挥数据作为新型生产要素的作用，推动教育数字转型	支持引导类

续表

时间	发布部门	政策	主要内容	政策性质
2021.9.17	教育部办公厅	《关于推广学校落实"双减"典型案例的通知》	人工智能、大数据分析等先进技术应用到学生日常纸质作业中；通过人工智能校本作业本，实现分层、个性化布置作业，做到精准到校、精准到班、精准到人	支持应用类
2022.2.11	教育部等五个部门	《关于加强普通高等学校在线开放课程教学管理的若干意见》	强化学习过程监控，充分运用人工智能、大数据、区块链等新一代信息技术，依法依规对身份认证、课程内容、讨论记录、学习数据实施监控，有效识别学生的"刷课""替课""刷考""替考"行为	支持应用类
2022.4.2	教育部等八个部门	《新时代基础教育强师计划》	实施人工智能助推教师队伍建设试点行动，探索人工智能助推教师管理优化、教师教育改革、教育教学方法创新、教育精准帮扶的新路径和新模式	支持应用类

第二节

在线教育

一、在线教育资源建设

为扩大优质在线教育资源供给，鼓励社会力量举办在线教育机构，支持互联网企业与在线教育机构充分挖掘新兴教育需求，满足多样化教育需求。针对在线教育课程资源等建设，教育部等多部门发布政策支持在线教育的发展（表3-2）。

表 3-2　我国支持在线教育发展相关政策

时间	发布部门	政策	主要内容	政策性质
2020.6.5	教育部办公厅、工业和信息化部办公厅	《特色化示范性软件学院建设指南(试行)》	在线教育以产业需求为导向，开发针对新技术、新模式、新业态的课程体系和新形态教学课程资源，创新培养模式，改革教学方式，迭代更新教学内容，推动精品在线开放课程资源与在线教育支撑工具广泛应用，提升人才培养效率和质量	支持发展类

续表

时间	发布部门	政策	主要内容	政策性质
2020.7.14	国家发改革委等十三个部门	《关于支持新业态新模式健康发展 激活消费市场带动扩大就业的意见》	要大力发展融合化在线教育。构建线上线下教育常态化融合发展机制，形成良性互动格局。允许购买并适当使用符合条件的社会化、市场化优秀在线课程资源，探索纳入部分教育阶段的日常教学体系，并在部分学校先行先试。完善在线教育知识产权保护、内容监管、市场准入等制度规范，形成高质量线上教育资源供给	支持发展类
2020.9.2	教育部	《国家开放大学综合改革方案》	信息技术与教育教学深度融合，可以稳步提升教育教学质量，引领"互联网＋教育"又好又快发展。运用现代信息技术手段持续改进学习者在线学习体验和效果，加快构建有利于学习者自主学习、协作学习的线上学习社区，便捷先进的线下学习（体验、服务）中心，以及基于互联网的智能化学习管理（服务）系统和考试测评系统等软硬件环境	发展指导类
2020.11.10	中共教育部党组	《关于教育系统学习贯彻党的十九届五中全会精神的通知》	要发挥在线教育优势，完善终身学习体系，建设学习型社会；推进信息技术与教育教学深度融合，更新教育理念、变革教育模式,积极主动适应数字化、智能化、终身化、融合化教育发展趋势	发展指导类

续表

时间	发布部门	政策	主要内容	政策性质
2021.2.8	教育部等五部门	《关于大力加强中小学线上教育教学资源建设与应用的意见》	到2025年，基本形成定位清晰、互联互通、共建共享的线上教育平台体系，覆盖各类专题教育和各教材版本的学科课程资源体系，涵盖建设运维、资源开发、教学应用、推进实施等方面的政策保障制度体系。学校终端配备和网络条件满足教育教学需要。师生信息化素养和应用能力显著提升，利用线上教育资源教与学成为新常态	发展规划类
2021.3.13	全国人大	《中华人民共和国国民经济和社会发展第十四个五年规划和2035年远景目标纲要》	发挥在线教育优势，完善终身学习体系，建设学习型社会。推进高水平大学开放教育资源，完善注册学习和弹性学习制度，畅通不同类型学习成果的互认和转换渠道	发展指导类
2021.6.3	国务院	《全民科学素质行动规划纲要（2021—2035年）》	深化高校理科教育教学改革，推进科学基础课程建设，加强科学素质在线开放课程建设。到2025年，我国公民具备科学素质的比例超过15%	发展规划类

续表

时间	发布部门	政策	主要内容	政策性质
2021.7.8	教育部等六个部门	《关于推进教育新型基础设施建设 构建高质量教育支撑体系的指导意见》	健全应用监管，有效感知网络安全威胁。在线教育要提升新型数字终端监管的信息化支撑能力，过滤网络不良信息，提升信息化供应链水平，强化在线教育监管。引导研发支持教师备授课的学科教学软件和满足特殊教育学生学习需求的个性化资源；鼓励有条件的地区和学校探索试行规模化在线考试、无纸化考试	支持发展类
2022.3.5	国务院	《政府工作报告》	发展在线教育。完善终身学习体系。增强在线教育体验感，提高教育供给精准度。推动线上教育与线下教育良性互动、校内教育与校外教育有机衔接。推动形成政府引导、机构自治、行业自律、社会监督的在线教育治理格局	支持发展类
2022.3.10	教育部等五个部门	《关于加强普通高等学校在线开放课程教学管理的若干意见》	高校要切实履行在线开放课程教学管理责任；加强对在线开放课程教师的管理；严格学生在线学习规范与考试纪律；完善在线开放课程平台自我监督机制；健全课程平台监管制度；建立多部门协同联动机制	支持发展类

2020年6月至2020年11月，教育部等多个部门连续发布了有关在线课程、在线资源建设的相关文件。教育部办公厅、工业和信息化部办公厅联合印发《特色化示范性软件学院建设指南（试行）》，提出要以产业需求为导向，开发针对新技术、新模式、新业态的课程体系和新形态教学课程资源，创新培养模式，改革教学方式，迭代更新教学内容，推动精品在线开放课程资源与在线教育支撑工具广泛应用，提升人才培养效率和质量。

国家发改委等十三个部门联合印发《关于支持新业态新模式健康发展 激活消费市场带动扩大就业的意见》，提出要大力发展融合化在线教育。构建线上线下教育常态化融合发展机制，形成良性互动格局。允许购买并适当使用符合条件的社会化、市场化优秀在线课程资源，探索纳入部分教育阶段的日常教学体系，并在部分学校先行先试。鼓励加大投入和教师培训力度，试点开展基于线上智能环境的课堂教学、深化普及"三个课堂"应用等。完善在线教育知识产权保护、内容监管、市场准入等制度规范，形成高质量线上教育资源供给。

2021年，教育部与国家发改委、工业和信息化部、财政部、国家广播电视总局出台《关于大力加强中小学线上教育教学资源建设与应用的意见》，提出的一项重要举措就是要充分发挥平台资源作用，通过多部门协同工作为中小学线上教育教学资源建设与应用提供支持与服务，扩大优质教育资源有效供给，满足线上教育教学资源建设的现实需求。国务院、教育部等对高等学校、中小学的在线教育资源供给与建设提出了新的要求与目标。《中华人民共和国国民经济和社会发展第十四个五年规划和2035年远景目标纲要》中提出要发挥在线教育优势，完善终身学习体系，建设学习型社会。推进高水平大学开放教育资源，完善注册学习和弹性学习制度，畅通不同类型学习成果的互认和转换渠道。国务院印发的《全民科学素质行动规划纲要（2021—2035年）》在提升行动中表明要推进信息技术与科学教育深度融合，推行场景式、体验式、沉浸式学习。教育部等六个部门于2021年7月8日以新型基础设施为重点方向，发布《关于推进教育新型基础设施建设 构建高质量教育支撑体系的指导意见》，提出要充分利用国家公共通信资源、建设教育专网、升级校园网络、构建新型数据中心、促进教育数据应用、推动平台开放协同、升级网络学习空间、开发新型资源和工具、优化资源供给服务等。

2022年3月，李克强总理代表国务院在十三届全国人大五次会议上作《政府工作报告》，指出要发展在线教育。教育部等五个部门也针对高校在线开放课程发布了《关于加强普通高等学校在线开放课程教学管理的若干意见》，指出高校要切实履行在线开放课程教学管理责任，加强对在线开放课程教师的管理，严格学生在线学习规范与考试纪律，完善在线开放课程平台自我监督机制，健全课程平台监管制度。

二、在线教育应对突发事件

2019年新冠疫情暴发后，我国第一时间采取应对措施，教育部等多部门发布通知，支持使用在线公共服务平台，以保证各高校、中小学停课不停学的顺利开展，提升在线教学质量。表3-3为我国应对在线教育突发事件相关政策。

2020年2月4日，疫情暴发初期，教育部发布《应对新型冠状病毒感染肺炎疫情工作领导小组办公室关于在疫情防控期间做好普通高等学校在线教学组织与管理工作的指导意见》，对疫情防控期间高等学校在线教学组织与管理提出指导意见，要求各高校充分利用上线的慕课和省、校两级优质在线课程教学资源，在慕课平台和实验资源平台服务支持带动下，依托各级各类在线课程平台、校内网络学习空间等，积极开展线上授课和线上学习等在线教学活动，保证疫情防控期间教学进度和教学质量，实现"停课不停教、停课不停学"。《应对新型冠状病毒性肺炎疫情工作领导小组办公室关于在疫情防控期间有针对性地做好教师工作若干事项的通知》指导教师积极有效开展应对工作，认为要加强对教师群体的疫情防控工作；做好"停课不停教、不停学"组织部署工作；做好教师信息技术能力提升和师训资源开放共享工作。

紧接着中共教育部党组发布《关于统筹做好教育系统新冠肺炎疫情防控和教育改革发展工作的通知》，要求所有教师都制作直播课、所有学生每天上网"打卡"，又要扎实推进线上教学资源共享和教育教学方式创新。各地和中小学要高度重视、认真做好"停课不停教、停课不停学"工作。高校要结合本校实际情况，制定一校一策、一校多策的在线教学方案。

为进一步指导高等学校、中小学校和托幼机构做好新冠疫情防控工作下的教育教学工作，教育部发布《学生疫情防控期间在校学习生活健康指南》，教育部联合国家卫健委发布《关于印发高等学校、中小学校和托幼机构新冠肺炎疫情防控技术方案（第五版）的通知》，引导学生安全学习、健康生活。

表 3-3　我国应对在线教育突发事件相关政策

时间	发布部门	政策	主要内容	政策性质
2020.2.4	教育部	《应对新型冠状病毒感染肺炎疫情工作领导小组办公室关于在疫情防控期间做好普通高等学校在线教学组织与管理工作的指导意见》	各高校、中小学在确保在线教学安全平稳运行的同时，根据防疫指示，制定疫情防控期间在线教学实施方案，充分利用线上教学优势，以信息技术与教育教学深度融合的教与学改革创新，推进学习方式变革，提高教学效率、保证教学质量、完成教学任务	应急在线指导类
2020.2.9	教育部党组	《关于统筹做好教育系统新冠肺炎疫情防控和教育改革发展工作的通知》	"停课不停学"期间，学校在疫情防控期间大规模、成建制开展的在线教育教学，要加强对在线教育教学内容的审核把关，合理引导预期，尊重地方、学校和家长的选择	应急在线指导类

续表

时间	发布部门	政策	主要内容	政策性质
2020.2.10	教育部	《应对新型冠状病毒性肺炎疫情工作领导小组办公室关于在疫情防控期间有针对性地做好教师工作若干事项的通知》	各地教育部门和学校要因地制宜组织教师开展在线教学，明确授课内容、课程安排、授课组织形式。充分利用国家网络云课堂、国家教育资源公共服务平台、国家开放大学数字化学习资源中心等免费平台，指导学生在线学习或收听收看。做好教师信息技术能力提升和师训资源开放共享工作。适时组织开展教师远程教学及信息技术能力在线专题培训	公共服务支持类
2022.3.25	教育部	《学生疫情防控期间在校学习生活健康指南》	按照学校要求完成学习任务，线上线下学习相结合，学业健康两不误。居家自学上网课，疫情期间停课不停学，加强自我学习管理，按照要求完成学业任务。线上学习尽量选择屏幕较大、分辨率较高的电子产品	在线健康教学类

续表

时间	发布部门	政策	主要内容	政策性质
2022.4.7	国家卫生健康委、教育部	《高等学校新冠肺炎疫情防控技术方案（第五版）》《中小学校新冠肺炎疫情防控技术方案（第五版）》《托幼教育新冠肺炎疫情防控技术方案（第五版）》	完善应急预案，以最快的速度落实在线教学。妥善应对疫情，及时安排线上教学	应急在线指导类

第三节 在线教育的规范治理

随着在线教育在校外培训机构中的快速发展，企业在进行在线培训时出现了一些乱象，校外培训从线下向线上发展过程中出现了培训平台存在低俗有害信息，培训内容超标超前，学科类培训人员素质参差不齐，有的培训预付费过高、合理退费难等问题。为此教育部和市场监管总局连出政策，共同治理，保证在线教育行业的健康、长期发展（表3-4）。

表 3-4 我国在线教育规范治理相关政策

时间	发布部门	政策	主要内容	政策性质
2018.2.22	教育部办公厅等四部门	《关于切实减轻中小学生课外负担开展校外培训机构专项治理行动的通知》	停办整改无证无照无资质机构；严禁"超纲教学""提前教学""强化应试"等不良行为；严查学校与教师不良教育教学行为	规范治理类

续表

时间	发布部门	政策	主要内容	政策性质
2018.8.22	国务院办公厅	《关于规范校外培训机构发展的意见》	规定了校外培训机构不得聘用中小学在职教师、机构讲师需要资格证、机构必须获得办学许可证，并且不得预收费超过3个月等一系列限制。同年，教育部、国家市场监管总局发布《关于健全校外培训机构专项治理整改若干工作机制的通知》，明确严查无证违规机构；对现行学科培训和非学科培训机构做好审批和整改工作；要对备案的学科培训做好是否超纲的认定工作；强化在线培训监管	规范发展类
2019.7.12	教育部等六个部门	《关于规范校外线上培训的实施意见》	做好线上培训的备案审查工作；规定直播类培训活动不得晚于21∶00；确保师资合格；规范费用的收取、退还；每科不得一次性收取超过60课时的费用；不得一次性收取时间跨度超过3个月的费用	规范治理类
2019.8.19	教育部、商务部、市场监管总局	《关于做好外商投资营利性非学历语言类培训机构审批登记有关工作的通知》	规定开展培训的外资语言类培训机构要执行国家关于校外培训机构的有关规定，开展线上培训须按照线上培训的有关规定执行	规范治理类

续表

时间	发布部门	政策	主要内容	政策性质
2020.5.8	教育部办公厅	《关于印发义务教育六科超标超前培训负面清单（试行）的通知》	贯彻落实"坚决禁止应试、超标、超前培训及与招生入学挂钩的行为"要求，为各地规范面向中小学生的校外培训机构超标超前培训行为提供依据	规范治理类
2020.6.16	教育部、市场监管总局	《中小学生校外培训服务合同（示范文本）》	反映了中小学生在参加校外培训机构培训过程中，各环节必须明确当事人双方责、权、利关系，尤其对培训收费、培训退费和违约责任做出了详细的规定。有利于家长学生合理选择机构，责任划分有据可依，以加强对校外培训机构培训行为的监督管理	规范发展类
2020.8.24	教育部等六部门	《关于联合开展未成年人网络环境专项治理行动的通知》	部署各地中小学依托中小学网络云平台及地方在线教育学习平台，在暑期集中开展预防网络沉迷等专题教育活动，引导家长加强对孩子网络行为监管，及时发现、制止和矫正孩子网络沉迷和不当消费行为	规范发展类

续表

时间	发布部门	政策	主要内容	政策性质
2020.10.22	教育部、市场监管总局	《关于对校外培训机构利用不公平格式条款侵害消费者权益违法行为开展集中整理的通知》	部署了为期一年的集中整治工作,重点针对各类中小学校外培训服务机构利用合同不公平格式条款侵害消费者权益违法行为,要求各地教育、市场监管部门加大执法检查力度,对于培训机构利用格式条款免除自身责任、加重消费者责任、排除消费者法定权利的行为坚决予以查处	规范治理类
2021.3.31	教育部	《关于进一步加强中小学生睡眠管理工作的通知》	各地教育部门要会同相关部门切实加强对辖区内注册登记或备案的线上培训网课平台、网络游戏的规范管理,采取技术手段进行监管,确保线上直播类培训活动结束时间不得晚于 21:00,每日 22:00 到次日 8:00 不得为未成年人提供游戏服务	规范发展类
2021.4.27	教育部	《关于加强义务教育学校作业管理工作的通知》	各地要把禁止留作业作为校外培训机构日常监管的重要内容,切实避免校内减负、校外增负	规范发展类

续表

时间	发布部门	政策	主要内容	政策性质
2021.6.15	教育部办公厅	《关于成立校外教育培训监管司的通知》	承担面向中小学生（含幼儿园儿童）的校外教育培训管理工作，指导校外教育培训机构党的建设，拟订校外教育培训规范管理政策。会同有关方面拟订校外教育培训（含线上线下）机构设置、培训内容、培训时间、人员资质、收费监管等相关标准和制度并监督执行，组织实施校外教育培训综合治理，指导校外教育培训综合执法	规范发展类
2021.7.25	中共中央办公厅、国务院办公厅	《关于进一步减轻义务教育阶段学生作业负担和校外培训负担的意见》	坚持从严治理，全面规范校外培训行为。各地不再审批新的面向义务教育阶段学生的学科类校外培训机构，现有学科类培训机构统一登记为非营利性机构，线上学科类机构改为审批制，学科类培训机构一律不得上市融资，严禁资本化运作，对非学科类培训机构分类制定标准、严格审批	规范治理类

2018年，为了减轻中小学生课外负担，规范校外培训的开展，教

育部办公厅、民政部办公厅、人力资源社会保障部办公厅、工商总局办公厅四个部门发布《关于切实减轻中小学生课外负担 开展校外培训机构专项治理行动的通知》，国务院办公厅发布《关于规范校外培训机构发展的意见》，对校外培训机构的办学资质、师资队伍、培训行为等作出了严格的规范。

2019年，教育部、商务部、市场监管总局等多部门为促进"互联网+教育"持续健康发展，依法依规对校外线上培训进行监管，发布了《关于规范校外线上培训的实施意见》《关于做好外商投资营利性非学历语言类培训机构审批登记有关工作的通知》，对校外培训机构的备案审查、教学内容与时长、信息安全、师资、经营规范等强化综合治理，建立了相应的黑白名单。

2020年校外培训机构的规范持续加强，从5月至10月教育部牵头协同多部门为切实减轻中小学生过重课外负担，形成校内外协同育人的良好局面，陆续发布了《关于印发义务教育六科超标超前培训负面清单（试行）的通知》《中小学生校外培训服务合同（示范文本）》。同年，教育部办公厅联合市场监管总局办公厅发布《关于对校外培训机构利用不公平格式条款侵害消费者权益违法行为开展集中整治的通知》，将集中整治工作与推行《中小学生校外培训服务合同（示范文本）》工作结合起来，引导规范教育培训机构签约履约行为，提升工作效能。

2021年，教育部在规范校外培训的基础上，进一步减轻义务教育阶段中小学生的压力，发布了《关于进一步加强中小学生睡眠管理工作的通知》《关于加强义务教育学校作业管理工作的通知》《关于成立校外教育培训监管司的通知》等一系列通知，提出要利用技术手段进行监管，确保线上直播类培训活动结束时间不得晚于21:00，每日22:00到次日8:00不得为未成年人提供游戏服务；对校外教育培训（含线上线下）机构设置、培训内容、培训时间、人员资质、收费监管等相关标准和制度并监督执行，组织实施校外教育培训综合治理，指导校外教育培训综合执法。

2021年7月，中共中央办公厅、国务院办公厅印发《关于进一步减轻义务教育阶段学生作业负担和校外培训负担的意见》，要求全面压减作业总量和时长，减轻学生过重作业负担；提升学校课后服务水平，满足学生多样化需求；坚持从严治理，全面规范校外培训行为；大力提升教育教学质量，确保学生在校内学足学好；强化配套治理，提升支撑保障能力；等等。

第四节

教育信息化、数字化发展战略

自2012年以来，我国为发展教育信息化、教育现代化颁布了一系列重要文件与政策，在线教育是其中重要举措之一（表3-5）。我国以国家教育信息化试点省建设为契机，坚持改革驱动、创新引领，构建并不断完善教育信息化"三通两平台""骨骼"，梯次有序推进智慧学校建设，不断提升师生信息技术应用能力，实现了优质教育资源在更大范围内普惠共享，推动了基础教育从基本均衡向优质均衡的发展。表3-5列出了从2012年开始，我国从教育信息化发展、教育现代化的

表3-5 教育信息化、数字化发展相关政策

时间	发布部门	政策	主要内容	政策性质
2012.3.13	教育部	《教育信息化十年发展规划（2011—2020）》	到2020年，全面完成《国家中长期教育改革和发展规划纲要（2010-2020年）》所提出的教育信息化目标任务，形成与国家教育现代化发展目标相适应的教育信息化体系，基本建成人人可享有优质教育资源的信息化学习环境，教育管理信息化水平显著提高，信息技术与教育融合发展的水平显著提升	发展规划类

续表

时间	发布部门	政策	主要内容	政策性质
2017.1.19	国务院	《国家教育事业发展"十三五"规划》	推进"三通两平台"建设与应用，推进数字教育资源普遍开放共享。面向教育发展落后地区和特殊人群，提供公益性数字教育资源服务。加快教育大数据建设与开放共享。发展现代远程教育和在线教育，实施"互联网＋教育培训"行动，支持"互联网＋教育"教学新模式，发展"互联网＋教育"的服务新业态	发展规划类
2018.4.18	教育部	《教育信息化2.0行动计划》	到2022年基本实现"三全两高一大"的发展目标，即教学应用覆盖全体教师、学生应用覆盖全体适龄学生、数字校园建设覆盖全体学校，信息化应用水平和师生信息素养普遍提高，建成"互联网＋教育"大平台。推动从教育专用资源向教育大资源转变、从提升师生信息技术应用能力向全面提升其信息素养转变、从融合应用向创新发展转变	发展规划类
2019.2.23	中共中央国务院	《中国教育现代化2035》	到2020年，全面实现"十三五"发展目标，教育总体实力和国际影响力显著增强，劳动年龄人口平均受教育年限明显增加；到2035年，总体实现教育现代化，迈入教育强国行列	发展规划类

续表

时间	发布部门	政策	主要内容	政策性质
2019.3.1	教育部	《2019年教育信息化和网络安全工作要点》	深入实施《教育信息化2.0行动计划》。推动教育信息化融合创新发展。推动数字资源服务普及，不断扩大优质教育资源覆盖面，提升教育服务供给能力。成立国家数字教育资源公共服务体系联盟，实现省级平台全部接入体系，完善大资源开发利用机制	支持发展类
2019.9.25	教育部等十一部门	《关于促进在线教育健康发展的指导意见》	培育优质在线教育资源。实施"教育大资源共享计划"。建设一批高质量在线教育课程，探索学习成果认证和学分积累转换制度。加强在线教育人才培养。大力推进"互联网+""智能+"教育教学改革，促进学科交叉融合	发展指导类
2020.3.5	教育部	《教育部关于加强"三个课堂"应用的指导意见》	到2022年，全面实现"三个课堂"在广大中小学校的常态化按需应用，建立健全利用信息化手段扩大优质教育资源覆盖面的有效机制。开展教师信息化教学能力全员培训，重点解决在线授课、网络教研、操作实践等过程中遇到的问题。选用性能适切且成本优惠的信息化教学设备	发展指导类
2020.4.8	教育部办公厅	《关于启动部分领域教学资源建设工作的通知》	完善经费和机制保障，对通过审核的资源建设者，给予适当资助，并在教育信息化等相关项目中给予优先支持	支持发展类

续表

时间	发布部门	政策	主要内容	政策性质
2021.4.29	全国人大常委会	《中华人民共和国教育法》（2021年修订版）	国家推进教育信息化，加快教育信息基础设施建设，利用信息技术促进优质教育资源普及共享，提高教育教学水平和教育管理水平。县级以上人民政府及其有关部门应当发展教育信息技术和其他现代化教学方式	发展指导类
2021.10.12	中共中央办公厅国务院办公厅	《关于推动现代职业教育高质量发展的意见》	普遍开展项目教学、情境教学、模块化教学，推动现代信息技术与教育教学深度融合，提高课堂教学质量	发展指导类
2022.2.23	教育部	《关于2022年职业教育重点工作介绍》	推进教育资源数字化建设；切实为师生提供能用好用的数字化资源；探索创造富有中国特色的教育数字化治理标准	数字化建设类
2022.2.24	教育部	《教育部教师工作司2022年工作要点》	职业教育要推动建设数字化、融媒体教材，加快虚拟仿真实训基地建设，启动职业学校信息化标杆学校建设试点，不断夯实职业教育信息化工作基础，服务高质量发展	数字化建设类
2022.3.25	教育部	《关于2021年法治政府建设工作情况的报告》	聚焦数字中国，大力实施教育数字化战略行动。按照"需求牵引、应用为王、服务至上"的原则，抢占未来发展先机，切实以教育信息化推动教育高质量发展	数字化发展类

角度，为发展在线教育、加强教育数字公共资源建设、创新发展智能化教育教学新模式等方面作出的努力。

2012年3月，教育部为推进落实《国家中长期教育改革和发展规划纲要（2010—2020年）》关于教育信息化的总体部署编制了《教育信息化十年发展规划（2011—2020年）》，旨在以教育信息化带动教育现代化，建设覆盖城乡各级各类学校的教育信息化体系，促进优质教育资源普及共享，推进信息技术与教育教学深度融合，实现教育思想、理念、方法和手段全方位创新，对于提高教育质量、促进教育公平、构建学习型社会和人力资源强国有重要的意义。

2017年1月，为加快推进教育现代化，国务院印发《国家教育事业发展"十三五"规划》，强调要全力推动信息技术与教育教学深度融合。建设课程教学与应用服务有机结合的优质在线开放课程和资源库，全面推进"优质资源班班通"，鼓励教师利用信息技术提升教学水平、创新教学模式，利用翻转课堂、混合式教学等多种方式用好优质数字资源。深入推进"网络学习空间人人通"，形成线上线下有机结合的网络化泛在学习新模式。推进优质教育资源共建共享。着力加强"名师课堂""名校网络课堂""专递课堂""在线开放课程"等信息化教育教学和教师教研新模式的探索与推广，加快优质教育资源向农村、边远、贫困、民族地区覆盖。整合各类优质教育资源，推进资源普遍开放共享，鼓励师生共建共享优质资源，加快推动教育服务模式和学习方式的变革。

2018年4月，为加快教育现代化和教育强国建设，推进新时代教育信息化发展，培育创新驱动发展新引擎，结合国家"互联网+"、大数据、新一代人工智能等重大战略的任务安排，教育部印发了《教育信息化2.0行动计划》。文件指出，通过实施教育信息化2.0行动计划，到2022年基本实现"三全两高一大"的发展目标，建成"互联网+教育"大平台，推动从教育专用资源向教育大资源转变、从提升师生信息技术应用能力向全面提升其信息素养转变、从融合应用向创新发展转变，努力构建"互联网+"条件下的人才培养新模式、发展基于互联网的教育服务新模式、探索信息时代教育治理新模式。

2019年2月，中共中央、国务院印发《中国教育现代化2035》，重点部署了面向教育现代化的十大战略任务。针对教育信息化，该文件提出，要建设智能化校园，统筹建设一体化智能化教学、管理与服务平台。利用现代技术加快推动人才培养模式改革，实现规模化教育与个性化培养的有机结合。创新教育服务业态，建立数字教育资源共建共享机制，完善利益分配机制、知识产权保护制度和新型教育服务监管制度。推进教育治理方式变革，加快形成现代化的教育管理与监测体系，推进管理精准化和决策科学化。

同年3月，教育部为深入落实《教育信息化"十三五"规划》和《教育信息化2.0行动计划》，印发了《2019年教育信息化和网络安全工作要点》，旨在推动数字资源服务普及，不断扩大优质教育资源覆盖面；网络学习空间应用不断深入，推动逐步实现"一人一空间、人人用空间"；网络条件下的精准扶贫持续推进；数字校园建设与应用加快推进；智慧教育创新发展行动有序开展；师生信息素养全面提升；教育系统网络安全保障能力显著增强。

2019年9月，为促进在线教育健康、规范、有序发展，教育部等十一个部门发布《关于促进在线教育健康发展的指导意见》，提出发展目标：到2020年，在线教育的基础设施建设水平大幅提升，互联网、大数据、人工智能等现代信息技术在教育领域的应用更加广泛，资源和服务更加丰富，在线教育模式更加完善。到2022年，现代信息技术与教育实现深度融合，在线教育质量不断提升，资源和服务标准体系全面建立，发展环境明显改善，治理体系更加健全，网络化、数字化、个性化、终身化的教育体系初步构建，学习型社会建设取得重要进展。

2020年3月与4月，教育部又接连发布了《教育部关于加强"三个课堂"应用的指导意见》《关于启动部分领域教学资源建设工作的通知》，旨在建立健全利用信息化手段扩大优质教育资源覆盖面的有效机制，建设优质教学资源库，优化教育教学条件，提高课堂教学质量，优化教师教学能力和信息素养，推动实现教育优质均衡发展。

2021年4月全国人大常务委员会通过《全国人民代表大会常务委员会关于修改〈中华人民共和国教育法〉的决定》，在《中华人民共和国教育法》（2021年修订版）中指出，国家要推进教育信息化，加快教育信息基础设施建设，利用信息技术促进优质教育资源普及共享，提高教育教学水平和教育管理水平。

2021年10月，中共中央办公厅、国务院办公厅印发了《关于推动现代职业教育高质量发展的意见》，提出要优化职业教育供给结构，优先发展现代信息技术、人工智能等产业需要的一批新兴专业。普遍开展项目教学、情境教学、模块化教学，推动现代信息技术与教育教学深度融合，提高课堂教学质量。

2022年2月23日,为切实以教育信息化推动教育高质量发展,教育数字化转型升级受到高度重视,教育部职业教育与成人教育司发布《关于2022年职业教育重点工作介绍》,指出要推进教育资源数字化建设;切实为师生提供能用好用的数字化资源;探索创造富有中国特色的教育数字化治理标准。2月24日,《教育部教师工作司2022年工作要点》指出职业教育要推动建设数字化、融媒体教材,加快虚拟仿真实训基地建设,启动职业学校信息化标杆学校建设试点,不断夯实职业教育信息化工作基础,服务高质量发展。3月25日,教育部《关于2021年法治政府建设工作情况的报告》中指出,要聚焦数字中国,大力实施教育数字化战略行动,切实以教育信息化推动教育高质量发展。

第四章

支持智能在线教育的产品

新冠疫情的暴发促进了在线教育市场的发展，目前市场上支持智能在线教育的产品有很多种，本章对智能在线学习产品如何分类进行了分析，依据智能在线教育的五大特征将其分为智能化直播平台、情境化直播教学产品、精准化录播课程产品、个性化学习工具以及自适应泛在资源类产品五类，并介绍了这五类产品及其典型产品案例。

第一节

分类依据

在线教育覆盖的用户广泛，提供的教育服务也多种多样。其分类标准较多，如从主办机构角度分，可以分为学校主办、校外培训机构主办、新兴互联网公司主办；从学习者受教育阶段角度分，可以分为K12、职业教育、高等教育、继续教育等阶段的在线学习产品；从所提供的产品或服务角度分，可以分为资源类在线学习产品、平台类在线学习产品、工具类在线学习产品等。以下将具体介绍最后一种分类方法中的各类在线学习产品。资源类在线学习产品指在线教育机构自主提供优秀的教育资源服务，一般是把教学资料和视频等内容上传到其服务器上。学习者可根据自己的需要，随时对自己想要了解的课程进行在线学习，典型代表有沪江网校[1]和学而思网校等。平台类在线学习产品指主要通过与机构合作或个人老师入驻形式，向学习者提供在线课程资源，这种方式更加开放化、综合化，典型代表有网易云课堂、传课网等。工具类在线学习产品指主要通过答题、智能出卷、闯关做题等方式促进用户学习，多以应用程序（App）为主，典型代表

---

[1] 本书中提及的如沪江网校、小猿搜题、百词斩、哔哩哔哩等均指其应用程序。——编者注

有猿题库、百词斩等。工具类中还有一种辅助工具类，根据产品主要功能的不同又可以分为题库类在线学习产品、答疑类在线学习产品、管理类在线学习产品。题库类工具类中还有一种利用云计算、大数据、人工智能算法等技术，根据考试要求和学习者特征提供一对一智能出题服务，生成学习者个人能力评估报告，并提供进一步的练习和测试建议，如猿题库。答疑类在线学习产品通常有两种在线学习形式：一是人工答疑，即教师在线答疑或学生之间互相解答；二是自动答疑，运用图像识别、题库自动匹配技术自动搜索题目和答案，能通过大数据分析学生的知识薄弱点，个性化推送题库及教师解题视频，如作业帮、小猿搜题。管理类在线学习产品集备课/预习/复习、课堂交互、课程资源管理、学习进程监控、学情诊断、教辅作业、作业查重等功能于一体，可以提供全方位课堂服务，如雨课堂等。

本研究根据智能在线教育智能化、自适应、情境化、个性化、精准化等特征，同时参考在线教育同步和异步的学习方式，将智能在线学习产品分为五大类，包括智能化直播平台、情境化直播教学产品、精准化录播课程产品、个性化学习工具以及自适应泛在资源类产品（图4-1）。目的是便于用户根据需求快速定位产品服务类型，继而选择最适合自身的智能在线学习产品。

智能化直播平台是指只提供直播平台，没有系统的在线课程，融合了新一代人工智能等新兴技术，可以实现线下课堂的线上迁移，满足较为简单的直播教学的在线教育产品。

情境化直播教学产品不但提供线上教学，还同时提供线上教学课程内容，有完整的线上教学体系，通过情境直播的方式，师生可在同

第四章 支持智能在线教育的产品

精美化直播教学产品

不但提供线上教学形式，还同时提供线上教学内容，它们的教学方式包括线上直播课、线上一对一小班课堂等，师生在同一时间、不同地点开展教学活动。

智能化直播平台

指只有直播平台功能，没有系统的在线课程，拥有最基本的直播、连麦等功能，可以满足较为简单的直播教学的在线教育产品。

自适应泛在资源类产品

指整合各种学习资源的平台或软件，提供音频、视频等资源，用户可自行选择搜索资源，是一类为用户提供资源型综合在线教育服务的在线教育产品。

个性化学习工具

指基于图像识别、数据分析等技术，提供自主拍照答疑、题目讲解、题库与练习、成绩分析、口语评测、阅读资源、单词学习等功能的在线教育产品。

精准化录播课程产品

主要提供录播课程，师生教学互相独立，不受时间的限制，教师提前录制好课程后，学生在自己的空余时间问题时观看。

同步在线学习

异步在线学习

图4-1 在线学习产品的分类

· 77

一时间、不同地点开展线上教学活动。

精准化录播课程产品主要提供录播课程资源，师生教学互相独立，不受时间的限制，课程种类繁多，可满足学生精准学习需求。与直播在线授课相比，录播可以进行后期修剪和增添元素，使课程的呈现效果更好或者更具特色。

个性化学习工具是指基于图像识别、数据分析等技术，提供自主拍照答疑、题目讲解、题库与练习、成绩分析等功能的在线学习产品，种类繁多，用户可根据自己的需求个性化地选择使用。

自适应泛在资源类产品是指本身不是专门的教育平台或软件，但包括各种学习资源的综合资源应用程序，是一类能根据用户的需求自适应地为用户提供资源型综合在线教育服务的在线学习产品。

本研究收集了市面上30个典型产品，其中智能化直播平台4个，情境化直播教学产品7个，精准化录播课程产品5个，自适应泛在资源类产品5个，个性化学习工具9个。通过研究软件官网和App的基础信息以及主要功能，结合其产品综合评分及用户评论对这30个典型产品进行了介绍与分析。

第二节

产品分类

一、智能化直播平台

智能化直播平台是指只提供直播平台，没有系统的在线课程，融合了新一代人工智能等新兴技术，可以实现线下课堂的线上迁移，满足较为简单的直播教学的在线教育产品（图4-2）。

线上教学工具和平台是个宽泛的概念，其不一定是针对线上教学开发的工具和平台，教师为了更好地进行线上教学，几乎可以将所有用于线上教学的工具和平台都加以使用。本研究的智能化指在线学习产品融合了人工智能、大数据、5G等新兴技术，可实现同步视频、音频交互、在线问答、在线作业、在线分组等，能满足教师各种线上教学需求。它能模拟线下教学体验的功能，促进教师更好地进行在线教学，丰富学生在线学习体验。

智能化直播平台支持教师和学生音视频的实时交互，教师使用智能化直播平台发起直播或视频会议，学生可以发起连麦请求，或在直播时直接打开语音功能，与教师进行实时交流，即时通信。常用的智能化直播平台有钉钉、腾讯会议、瞩目、Zoom Cloud Meetings等。这些直播系统或视频会议平台基本都能满足网络直播教学的技术需要，构建虚拟课堂教学环境，实现"一对一"或"一对多"的同步在线教学。它们集成了网络授课所需的多人视音频交流、文稿在线演示、文字在线研讨等功能。

智能化直播平台

指只有直播平台功能，没有系统的在线课程，拥有最基本的直播、连麦等功能，可以满足较为简单的直播教学的在线教育产品。

钉钉　　腾讯会议　　瞩目　　ZOOM　　……

图4-2　智能化直播平台

二、情境化直播教学产品

情境化直播教学产品不但提供线上教学形式，还同时提供线上教学内容，通过情境直播的方式，师生在同一时间、不同地点开展教学，可有效提高学生的学习临场感（图4-3）。

在线学习中的情境化即学生在线学习的一种临场感，可以减少因电脑屏幕将教师与学生分隔开而带来的距离感和孤立感，增强学生在线学习中的学习体验的沉浸感、学习投入度和责任感。教师与学生、学生与学生之间，通过网络进行全方位的实时交流，能够拉近教师与学生的心理距离，构建实时交互的在线教学情境，增加学生在线学习的临场感。

情境化直播教学产品

不但提供线上教学形式，还同时提供线上教学内容，它们的教学方式包括线上直播课、线上一对一小课堂等，师生在同一时间、不同地点开展教学活动。

猿辅导　　VIPKID　　一起学网校　　51Talk　　开课啦

高徒课堂　　学而思网校　　...

图4-3　情境化直播教学产品

与传统的直播平台相比，这类型的在线教育软件专门提供课程学习，且以直播授课为主，有完整的线上课堂系统，会为老师们配备更多的教学功能，例如支持分享课件、老师点名、学生提问、随堂测验等。师生需要在同一时间、不同地点开展教学活动，强调了师生授课过程中的交互性。情境化直播教学产品上课人数不受限制，分为"一对一"和"一对多"的授课形式。在移动直播技术的支持下，"直播者"与"学习者"能够通过移动终端随时随地互动。它依托平台技术支持实时互动，最大限度地还原了课堂教学。通过这种"面对面"的及时互动，实现了学习者遇到新问题能够立刻提出自己困惑与需求的目的，教育者也能够根据学习者提出的困惑与需求，及时调整自己的教学、给予有效反馈。教师与学生虽然分隔两地，但学生可以通过平台提供的评论功能随时提出自己的疑问或回答问题，教师也能够较为及时地给出反馈，教学过程近似于面对面授课，临场感很强。这种"直播+教育"的方式，让线上学习变为交互式学习，有利于优质资源共享，突破了时间空间的局限性，扩大了教学规模。常见的应用程序有腾讯课堂、VIPKID英语、学而思网校、新东方网校、一起学网校等。

三、精准化录播课程产品

精准化录播课程产品主要指提供录播课程资源、师生教学互相独立、不受时间的限制、课程种类繁多、满足学生精准学习需求的应用程序。与直播在线授课相比，录播可以进行后期修剪和增添元素，使课程的呈现效果更好或者更具特色（图4-4）。

在"施教"层面，智能技术可助力实现以学定教、精准施教。智能技术助力精准施教的典型应用场景主要体现在弹性化教学预设、适切性情境创设、多样化课堂互动、个性化作业生成与批改、智能化辅导与答疑等方面。从学生的角度来说，精准化主要表现在使用者可根据自己的学习需要选择课程学习，可实现知识点的专题突破、某一领域知识的精准学习。从产品的特征角度来说，产品可实现根据学生学习过程性数据精准推送知识内容，促进学生精准学习。

录播课程种类繁多，涵盖的领域也很广泛。学生可结合自身情况，在此类产品中选择适合自己的产品，针对自己的需要选择适合自己的课程学习。常用的异步课程类软件有洋葱学园、慕课等。这类产品融合了人工智能、大数据等技术，可利用数据分析功能分析学生的学习效果，教师可根据产品分析的学生学习效果设计针对性的课堂活动，从而实现精准教学。

精准化录播课程产品

主要提供录播课程，师生教学互相独立，不受时间的限制，教师提前录制好课程后，学生在自己的空余时间随时观看。

洋葱学园　　智慧中小学　　十分科学　　悟空识字

……

中国大学生MOOC

图4-4　精准化录播课程产品

四、自适应泛在资源类产品

自适应泛在资源类产品是指本身不是专门的教育平台或软件，但包括各种学习资源的综合资源应用程序，是一类能根据用户的需求自适应地为用户提供资源型综合在线教育服务的在线学习产品（图4-5）。

自适应学习指的是一种非线性的在线教学方法，随着学生在课程内容上的进步，根据学生的需求进行调整，从而在已有知识的基础上为学习者提供定制化的体验。通过对学习者学习过程数据的收集和分析，有针对性地为不同类型的学习者提供适应性的学习内容和学习路径，优化其学习体验。

自适应泛在资源类产品

指整合各种学习资源的平台或软件，提供音频、视频等资源，用户可自行选择搜索资源，是一类为用户提供资源型综合在线教育服务的在线教育产品。

哔哩哔哩　知乎　腾讯视频　抖音

小红书　……

图4-5　自适应泛在资源类产品

常见的资源类软件有哔哩哔哩、腾讯视频、小红书等。这类软件中整合了各种音视频资源，用户可在这类软件中搜索或收藏自己需要的学习资源，在人工智能、大数据等技术的支持下，产品会自动记录收集用户在使用过程中的数据并进行分析，根据用户的搜索适应性地为用户推荐相关的资源。

五、个性化学习工具

个性化学习工具是指基于图像识别、数据分析等技术，提供自主拍照答疑、题目讲解、题库与练习、成绩分析等功能的在线学习产品，种类繁多，用户可根据自己的需求个性化地选择使用（图4-6）。

个性化学习是以尊重学习者个性差异为前提，旨在促进学习者个性发展的一种学习范式。网络社会的到来，为学生的个性化学习提供了可能，打破了学习内容、进度、起点、目标、要求等的统一性。学生可以根据自己的特点和需要，在更大程度上自由地选择适合自己的学习工具，按照适合自己的方式和进度进行学习。个性化学习将使每一个学习者的潜能得到最大限度的发挥，让其获得成功体验和生存效能感。

工具类产品是基于图像识别、语音识别、数据分析等技术，主要提供拍照答疑、作业检查、题库练习、口语评测、阅读资源、单词学习等功能的产品。此类产品众多，根据功能不同又呈现出不同的特征，用户可根据个性化需求灵活选择相应产品，例如作业帮、英语趣配音、小猿口算、百词斩等。

个性化学习工具

指基于图像识别、数据分析等技术，提供自主拍照答疑、题目讲解、题库与练习、成绩分析、口语评测、阅读资源，单词学习等功能的在线教育产品。

一起作业	小猿口算	作业帮	纳米盒	百词斩
有道翻译官	快对作业	英语趣配音	…	

图4-6　个性化学习工具

第三节

产品应用案例

一、智能化直播平台——钉钉

1. 产品介绍

钉钉软件是阿里巴巴旗下的一款智能移动办公平台，其涵盖在线组织、在线沟通、在线业务和钉钉教育等功能，其中网络直播功能属于钉钉教育下的功能模块之一。该软件分为PC终端和移动终端两个独立软件，数据在两个终端同步，利用网络直播功能在两个终端均可开展网络直播教学。

2. 应用模式

教师利用钉钉开展直播教学已成为线上教学的一种方式。其课前、课中、课后的在线教学模式三个环节环环相扣，相辅相成。

（1）课前

课前一周，教师可通过钉钉平台发布教学通告，发送预习学习资料以及优秀的在线教学资源（上海市公共计算机资源平台、中国大学慕课和职教云平台）。教学通告可明确学习任务、学习要求和相关资源。通过此环节，老师可利用钉钉的直播圈信息功能和私信功能，及时了解学生课前学习的问题和情况，及时收集、整理反馈的问题，调整课中教学策略和进度。

（2）课中

"直播+录播资源+钉钉云课堂"课堂测验模式，综合了直播教学和录播教学的优点，灵活弹性处理网络教学中的突发事件。在课堂最后学生满意度调查环节，教师可通过钉钉平台的"智能填表"功能创建表格并发放给学生。在问卷提交后，教师可根据学生建议及时反思，调整上课进度及策略，不断地优化课堂以匹配当下的学生。

（3）课后

课堂直播的回放能有效解决学生上课没听懂的问题，可提供较好的课后学习资源。课后作业的布置及完成可有效检验课堂教学的效果。课后录播视频课程的推送，可为学生提供丰富的线下学习资源及练习材料，让他们及时巩固所学。

直播教学中加强互动要素的设计对于提升学生学习效果有着重要意义。教师可在直播时进行如下操作。

（1）多设置一些选择题让学生回答

教师可多设置一些选择题（用数字标示），学生能在收看直播时快速回复答案，如1、2等，以方便学生回答，让学生实时参与课堂互动。

（2）让学生拍照上传

作业课堂中如果给学生布置练习作业等，也可让学生拍照上传在群里，学生可边看直播边拍照上传作业。

（3）使用连麦功能

学生可以申请连麦，举手发言，学生申请连麦后，教师可以在互动面板中看到举手学生的姓名，选择学生面向全体发言。接通后，该学生的画面便出现在屏幕上，所有成员均能看到并听到其声音。这种直观的连麦功能既锻炼了学生的当众发言能力，又使直播课堂的互动性得到了提升。

对于学生来说，钉钉可用于很多学习场景中，例如，在课前预习时，学生可通过钉钉群里老师上传的资料提前预习新知识。在课后复习时，学生也可通过查看直播课程回放等资料进行课后的复习。学生使用最多的场景就是课堂学习和课后作业了，老师使用钉钉直播，学生使用钉钉进行在线学习，在课堂教学中，学生与老师可实时互动。课后，老师也可用钉钉布置在线作业，学生可通过上传作业图片等文件，完成课后作业。

钉钉直播，解决了教师与学生时间和空间上的问题，拓宽了学生学习的空间，其良好的互动性、开放性，也可以有效丰富教学内容。从设计界面、教学流程完整度等方面讲，钉钉直播便于直播课堂的应用和维护。这类软件有助于建设"人人皆学、处处能学、时时可学"的学习型社会。

3. 典型个案

新冠疫情暴发期间，网络直播教学成为教师和学生沟通的桥梁。甘肃省嘉峪关市第五中学余老师随之开启了初中信息技术网络教学探究。

余老师提到，在钉钉直播教学中，教师可以展示模拟动画视频"Flash嫦娥绕月"来教授"Flash制作简单动画"的知识。在动画播放过程中，教师可以导入时间轴组成的概念，并解释图层、时间轴标尺、帧、状态栏和播放指针等图标的作用。此外，教师可以通过直播互动教学的方式与学生讨论如何对图片进行缩放、变形、旋转等操作，以及关键帧和普通帧之间的区别，图形元件和影片剪辑元件的区别等问题。教师还可以利用互联网为学生收集多种素材，并让学生根据自己的喜好进行选择和开展创意制作活动。为了提高学生的参与程度，教师可以给予学生奖励。教师在学生参与活动的过程中，可以培养学生的动手操作能力，并借助钉钉直播教学活动来建立良好的教学氛围。

二、情境化直播教学App——学而思网校

1. 产品介绍

学而思网校，纽交所上市公司，好未来旗下在线教育品牌，为6-14岁的孩子提供素质教育服务（图4-7）。2008年成立至今，积累了十余年教研经验和学习数据，陪伴了千万孩子成长。学而思网校首创"直播+辅导"的双师教学模式，大力投入AI和全真互联网等前沿技术，持续推动教育创新。2021年，学而思网校全面升级素养体系，推出人文美育、科学创想、编程与机器人等热门素养课程。

2. 应用模式

学而思采用探究式教学模式，设置有趣又有现实意义的学习情境，在富有开放性的问题中引导学生自发学习和思考，通过小组辩论、科学圆桌等灵活多样的学习模式，让学生合作式学习，辅以创造力教具，充分满足学生课后自主探索的需要，让学生在动手实践中发挥创造力。

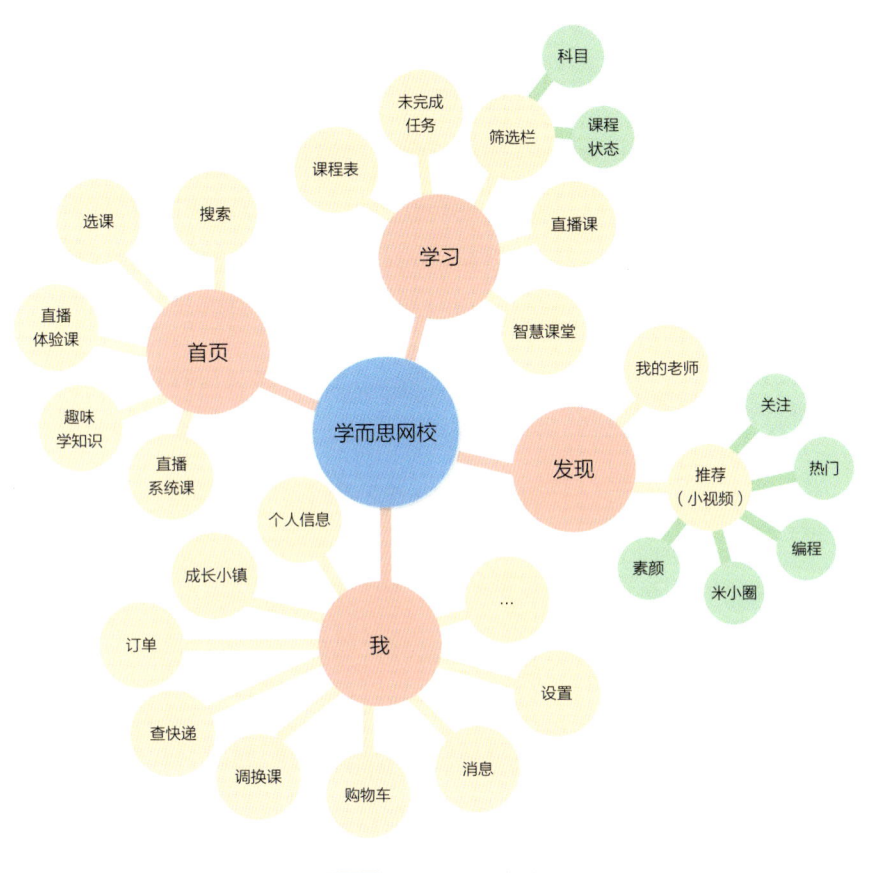

图4-7 学而思产品架构

家长可在学而思网校App上报名相关的课程，报名的课程分为直播课和智慧课堂两种形式。其课程体系包括课前准备、课中学习以及结课报告三个部分，课前准备阶段学生可随时查看老师上传的学习资料，了解学习目标与内容，安排自己的学习计划。课中，学而思采用双师模式，包括一个主讲教师和一个课后答疑的老师，课程互动模式包括文字区互动和语音互动两种。主讲教师能实时看到学生的留言并给予学生反馈，提高学生的参与率。上课环节还包括一些练习题，主讲教师可能会展示一些相应知识点的练习题，学生可实时完成练习与教师互动。习题反馈正误除了教师的口头反馈，还会跳出卡通人物给出鼓励语"小朋友你做得真棒，我们来个击掌吧"。课后生成学生的学习报告，反馈学生的学习情况，学生可以根据学习报告展示的学习情况进行查漏补缺，与老师沟通不懂的知识点，促进自身成长。

"双减"后，学而思全面布局素质教育，帮助学生构建责任担当、健康生活、实践创新、学会学习、人文底蕴、科学素养六大核心素养体系，开发了人文美育、科学创想、编程与机器人等素养课，作为学校课堂的补充和拓展，可在"课外拓展"的场景中使用，以培养学生的学习兴趣，帮助学生夯实其核心素养，促进学生全面发展。

3. 典型案例

2020年9月初，学而思网校自习室App（以下简称"自习室"）正式上线。这是一款以学习为核心的线上自习室，在线上实现线下自习场景，提升了线上教育"习"的比重，提高了学生的自习效率，大大增加了学生的陪伴感与认同感（图4-8）。

一到晚上的作业时间，A同学在打开书本的同时，还会打开手机的摄像头。她对着屏幕里的班主任老师和同学简单打了一个招呼，点下静音按钮，就开始了1个小时的自习时光。这便是同学们在学而思网校自习室里学习的场景。在这里，网校班主任老师每周固定时间都会组织孩子们一起，开启高效的自习时光。

图4-8 在线自习室

"临近期末，我慌张的心情不言而喻。明明知道该学习了，可是不到3分钟，心思又不知道飘到哪里去了。"网络时代我们面临更多的诱惑，这是当下很多同学的学习现状。在学而思网校，"自习室"由班主任老师灵活安排，选择合适的时间提前给孩子们发送邀请。在接受邀请后，孩子们会带着自己当晚想完成的学习任务，在自习室内将镜头对准自己（或者书写的页面），直播自己的学习状态。这一段时间里的学习内容，由孩子们自主规定、自主完成。

"你上自习或者在写作业的时候，开着直播就有很多人监督你，你就不敢开小差。一个人写作业很孤单，开着直播看别人也在写作业，就觉得自己不是一个人在奋斗。"有学生这样说。

在学而思网校自习室中和小伙伴一起同频学习，所获得的除了同学的陪伴感，也有互相监督学习的竞争感，同时，还有来自老师的实时鼓励和夸赞，这会让学生在自习过程中更有动力，把一个人学习的疲惫感降到最低。

三、精准化录播课程App——洋葱学园

1. 产品介绍

洋葱学园运用认知科学和智能技术为师生提供在线课程、智能练习、问题解析、学情分析等多元化的智能教育服务。与常规的网课不同，洋葱学园自创立之初就摒弃用真人教师授课，依据国家课程标准和教材，7年来自主研发了超过3500个富有创意的动画视频课程。每节课5~8分钟，精讲一个知识点或思维点，以帮助学生深度理解。洋葱学园研发了面向教师的智能助教产品，辅助学校教师开展个性化课堂教学，摆脱经验式教学。洋葱学园教师版拥有高度适配全国各地教材版本的全套微课、严格按照教学进度精心设计的同步学案，能够精测纠学、智能诊断精准推送课程内容、一键布置个性练习、全班分层推送作业、进行学情跟踪，班级学生学习数据一目了然。洋葱学园致力于助力教师课堂教学提速提效，以理科课程建设为突破口，用人工智能技术赋能教育教学。

2. 应用模式

洋葱学园的课程每节5~8分钟，精讲一个知识点，将抽象难懂的数学概念变得生动有趣，让学生从惧怕数学转变为主动学习，助力老师从经验式教学升级为智慧课堂教学。对于学生来说，洋葱学园的用

法有很多，首先用在课外拓展的场景中，可以用来查缺补漏，老师讲的不理解的知识点可以使用洋葱学园相关视频巩固夯实；其次用在课后作业的场景中，遇到作业中不会的题可以看洋葱学园，洋葱学园中有大量例题的讲解，当作业找不到思路时，可以打开洋葱学园捋清思路；再次用在课前预习的场景中，可以通过洋葱学园预习，如到周末时，就通过洋葱学园把下周要学习的知识点进行简单的预习，可以提升课堂效率；最后则是用在考前突击的场景中，在洋葱学园进行精准的期末复习，考前可以通过"快速诊断"找到自己不会的题目，然后精准学习这类题目。

3. 典型案例

郑州市第八中学的几位老师利用洋葱学园进行教学后，整个班级的学生学习成绩和学习积极性都有了明显的提升，他们将洋葱学园与课堂充分结合，既提高了学生学习数学的积极性，同时也活跃了课堂氛围，增加了课堂乐趣。他们试着把课堂交给学生。为了充分利用洋葱学园，他们进行了细致的教学计划：

在利用洋葱学园预习数学的基础上，对学生进行分组，组长负责了解全组的学习情况，确保每个学生对知识点充分理解。

让学生站在出题人角度出题、编题、解题，让他们主动扎实掌握知识点。

在课上引入"布鲁姆提问法"，引导学生主动思考、融会贯通，教学生用"康奈尔笔记法"，通过分区域记录课前、课中、课后以及学习思考的笔记，帮助学生查缺补漏，巩固基础。

长沙市第十一中学自2015年开始，积极探索教育信息化，以"先学后教、以学定教、聚焦思维、发展能力"为课改理念，重构课堂教学结构。洋葱学园以动画形式讲授，对这一代的孩子具有天然的吸引力，并且语言幽默、层次分明，注重培养学生的学科核心素养。其每一个知识的讲解都围绕着如何发现问题、解决问题。学校将洋葱学园引入数学和物理课堂的常态教学，实现先学后教，以学定教。数学老师肖建明分享了运用洋葱学园辅助教学的方法：

课前，向学生布置洋葱学园的概念课视频进行预习，同时，教师可以在洋葱后台查看学生的学情数据，并有针对性地调整课堂教学目标。

课上，播放洋葱学园视频辅助讲解重难点知识，并通过测试练习及时查漏补缺。

课后，根据学生的学习情况，应用洋葱学园布置分层作业，兼顾培优和补差，实现针对性练习和提高。适时给学生布置洋葱学园的解题过程，帮助学生建立解题思维，切实提高学生能力。

在这个过程中，要重视学生的自主学习，根据学生的学习情况来制定教学策略和设计，做到精准教学。洋葱学园让理科抽象、晦涩难懂的知识概念变得简单有趣，同时在学生自主学习能力提升方面也起到了很大的促进作用。

四、自适应泛在资源 App——哔哩哔哩

1. 产品介绍

哔哩哔哩，又称B站，是中国年轻世代高度聚集的文化社区和视

频平台，该网站创建于2009年6月26日。B站早期是一个以ACG（动画、漫画、游戏）为主题进行内容创作与分享的视频网站。如今B站正成为年轻人学习的重要阵地，大批专业科研机构、高校官方账号入驻B站。据新榜旗下B站数据工具"新站"显示，"高等数学""Python入门""线性代数""日语""0基础Pr教程"是播放量排名前五的热门课程，小众课程如素描、吉他、编曲、犯罪心理、哲学等，也都能在这里找到。

2. 应用模式

B站整合了海量学习资源，从启蒙到大学，有英语、数学、计算机等课程，有精品专业、技能、通识课等，可满足学习者终身学习的需要。B站本是一个ACG的网站，在用户搜索自己喜欢的关键词观看了自己想要学习的视频后，系统会收集用户使用过程中的数据，为用户自适应地推荐其喜欢的资源。逐渐B站就变成了一个由用户喜欢或需要的资源组成的资源集。上传资源的up主有很多，包括搬运资源、原创资源、素人学习记录等几类。B站每条视频下面有评论区，也有弹幕，用户可以通过评论区以及弹幕与其他用户进行交流互动。

学习者可利用B站的自适应推荐功能，在B站搜索资源时，化被动推送为主动搜索，针对性地搜索、筛选、关注和收藏。找到好的资源后，除了可以收藏外，还可进入up主的空间，这里可能会有很多同类资源。B站的每条视频播放时旁边会有推荐区，用好推荐区，也可顺藤摸瓜找到好的资源。学习者可以利用B站上的不同的学习资源，丰富自己的知识体系。每次打开B站，它都会根据用户的搜索记录或收藏记录为用户推荐合适的资源，方便用户找到好的适合自己的资源。

对于学生来说，学生在课前预习、课后复习、课后作业、课外拓展、考前突击时，都可在B站上搜索自己需要的资料课程进行学习，如果收藏、点赞自己觉得很好的资料，B站也会自适应地为学生推荐适合他们的资源，方便学生构建自己的资源集，以助其利用碎片化的时间完成学习。

3. 典型案例

如何利用B站自学？以下是公众号"阿霞聊数据"的分享。

"每当有人私信问我怎么学习数据，怎么学习Python，怎样提升面试经验，我都会直接推荐B站。众所周知，B站是全国自学很好的网站之一。很多收费的课程可以直接在B站免费学，这里有很多优秀的up主❶，讲的课不比那些培训机构差。"

如何利用B站自学，我们有以下建议。

（1）明确要学什么

如果你面对的是一个新领域，不管是工作还是学习，一开始都是摸着石头过河。首先你要明确要学什么，才能进行学习。

（2）怎么判断一个课程是不是好课程

对于自学者而言，判断一个课程好不好，要看你对这个课程感不感兴趣。每个人感兴趣的点不同，有些人喜欢讲解知识的up主，有些人喜欢讲解实用技能的up主。

（3）有选择地看和有选择地做笔记

自学千万不要光抄笔记，可以看3遍视频。

---

❶ 网络用语，指上传视频的人。——编者注

第1遍：粗略浏览一次，跟看剧一样。一般可以在地铁里面或者其他碎片时间看，不用做深度的思考，有时候甚至可以开1.5、2倍速。看到标题不适合就直接不点开。这个动作的目的就是在于快速浏览一次课程，看看这些知识是不是自己想要学习的。

第2遍：如果第一遍觉得视频可以，而且是自己要学的知识，就可以去看第2遍，使用思维导图提取关键的信息。这一遍关键是在于去梳理这节课的知识脉络并加深对这节课的印象。

第3遍：需要实操。第二遍看完不一定马上就看第3遍。学习了某个知识不一定能马上用上，没用上这个知识点，久而久之就会忘记。等到工作或学习中需要了，可以再次翻看笔记和打开这节课的内容。

（4）关注评论区

评论区其实是一个好地方，评论区除了网友的讨论还有很多帮助学习的点。比如，一般评论区前面会有"课代表"。"课代表"可能会把课程的知识梳理出来了，有时候不看视频也可以知道视频的大概内容，这相当于预习；评论区可能会找到热心网友关于课程的资源分享；评论区可能会有其余相关课程的链接；评论区可能会有up主留下的交流群。

（5）善于应用B站的算法推荐

B站视频右下角会有推荐视频，是B站的自适应系统根据当前正在看的视频推荐的相关视频。有时候找不到合适的视频不妨看看推荐的视频，方便你快速地找到好的资源。

五、个性化学习工具——作业帮

1. 产品介绍

作业帮作为工具类产品功能齐全，包含全国小学、初中、高中课题教材90%的题库，可解决各种学习问题，提供多种学习辅助——拍照答疑、作业帮直播课、口算批改、作业帮VIP、练习以及学习工具（图4-9），致力于为全国中小学生提供全学段的学习辅导服务。

2. 应用模式

作业帮自主研发了多项学习工具，包括答疑、直播课、古文助手、作文搜索等。拍照答疑轻松一拍可秒出答疑，视频讲解答案解析步骤详细，可轻松解决作业难题。作业帮直播课包含小初高全科辅导，采用多种授课方式。比如，双师直播课，可获取双倍关注。主讲老师负责在线教学和互动，课下辅导老师负责1对1答疑。作业帮会同步校内课，全学科课程任用户选。三年不限次回放，帮助学生随时复习。上课得学分还可换奖品。口算批改手机一拍，瞬间就能知对错，可实现家长超快查作业、孩子错题巩固做。作业帮VIP题目搜一搜，可帮助学生轻松理清答疑思路，一步搞懂同类题。作业帮的练习包含了海量真题试卷，可实现个性化推荐练习、智能分析薄弱点、同步复习全覆盖。学习小工具包括单词查询、计算器、语文作文、英语作文、古文作文等，使学生学习更有效率。

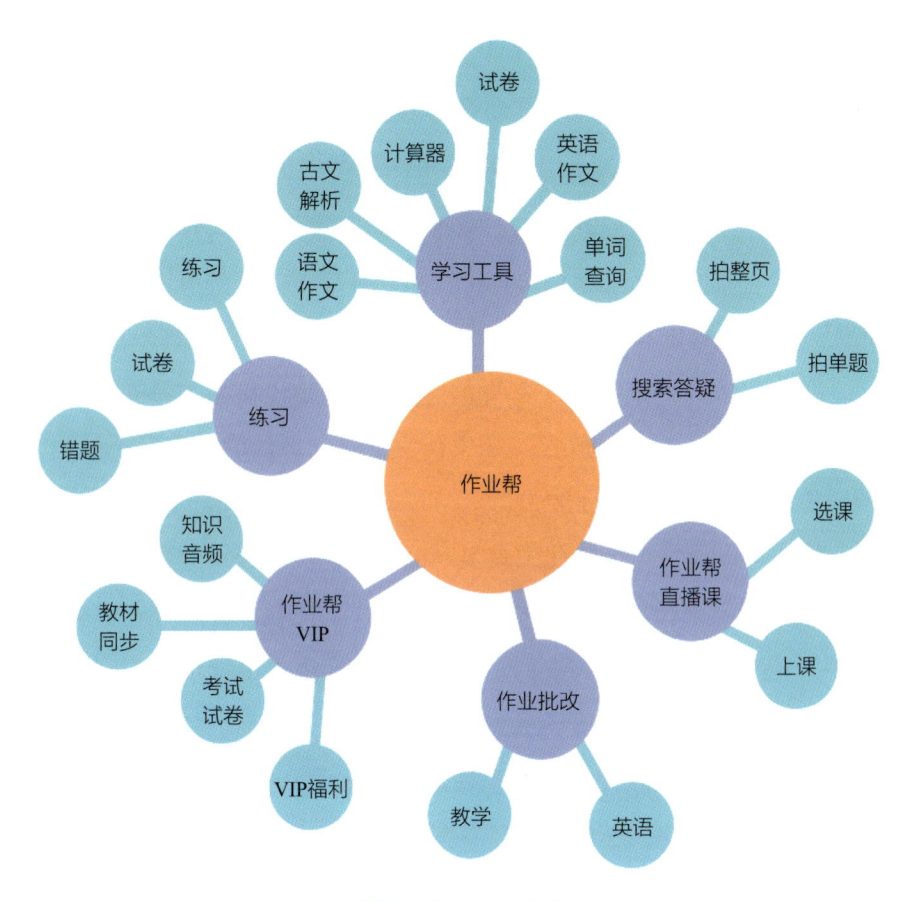

图4-9 作业帮产品架构

作业帮作为一个工具类App，其主要功能就是帮助学生对所遇到的问题进行分析解答。学生可以通过拍照输入问题或语音输入问题。学生可以在课前预习中使用作业帮的拍照答疑功能，了解所预习的知识点的解题思路，厘清知识点在问题中如何应用；在写课后作业时也可以使用作业帮，遇到没有思路的题目或者比较难的题目，可以用作业帮进行拍照答疑，查看视频讲解的解题思路与步骤。除了对学生所拍摄的题目进行答疑之外，作业帮还会举一反三，推荐5道与所拍题目同类型的题目，学生可通过查看同类型的题目从而实现其对知识点的深化理解。学生和家长还可以使用作业帮中的口算批改功能，用手机拍照，一键检查口算对错，省时省力。作业帮还包含海量真题试卷，能够智能分析学生薄弱点，个性化推荐练习。学生可以利用作业帮中的真题，在课后学习中巩固练习，加深对知识点的掌握程度。

作业帮这类个性化工具类App，大都是在学生自主学习的情境下使用的，具有很强的开放性。学生在使用时，不仅能提高自学能力，同时也能锻炼其自我管理能力。

近期，作业帮等个性化工具类产品重新定位，应用介绍均带上了诸如"中小学家长作业检查和辅导工具""家长老师智能检查作业好帮手""家长检查作业好帮手"等标识，目标用户由学生改为家长及老师。在使用时，作业帮要求实名认证，实名认证后，家长在拍照后可出现题目答案，从而帮助孩子快速检查作业。如果只是学生使用，则只出现解题过程，不出现题目答案，以帮助学生在遇到没有思路的难题时给学生提供解题思路。

3. 典型案例

学生和家长对于个性化学习工具类App的看法不一。

L同学家长说："L同学从4岁就开始接触培训班，现在已经上初二了，当时选择的是××App直播课。这个App有个非常方便的搜题功能，孩子可以把不懂的题拍下来直接上传，马上就会有标准答案和详细的解法参考，搜到题目后还有5个相似题目，能让他更好地举一反三。"家长选择该App直播课的理由是：孩子做作业没时间辅导，所以课后选择了这里的老师给孩子讲解，买好了课程后，孩子到点就可以上课了。学生可以根据年龄和科目来选择课程，自己选择上课频率。L同学更看重的是该App的搜题功能，每次有不懂的作业可以直接拍下来，他觉得这个功能非常便利。

有的学生和家长也会认为这类App收费贵、营销多、对搜题功能依赖性强。Z同学，使用某App已经1年有余。他只用了AI搜题功能，一般可以匹配出相似的题，想要获取100%同样的题是比较难的，适合有一定基础的学生。根据使用者提供的图，作业帮搜出来的题目虽然类似，但并不完全相同。学生需要参考所给的解题思路去自己分析答案。如果学生能参考其解题思路，举一反三，自己推理得出答案，就收到了较好的学习效果。如果学生只关注答案，就会产生依赖性，每次遇到不会的题就去拍照搜索，就会产生惰性思维，久而久之就不愿意自己思考了。

第五章

智能在线学习产品应用现状

第一节

调查的目的

该调查以全国中小学生为调查对象，旨在通过中小学对在线学习产品使用情况进行调查，全面了解后疫情时代学生在线学习产品的使用现状、学生感受到的产品质量、学生使用在线学习产品的体验。

调查问卷从学生的基本信息、学生对在线学习产品的使用意愿、学生使用在线学习产品的学习环境、学生使用在线学习产品的学习效果、在线学习产品的信息质量、在线学习产品的交互质量、学生使用在线学习产品的满意度、学生对在线学习产品的持续使用意愿八个方面进行调查。

2

第二节

调查的设计与实施

一、问卷的设计与实施

问卷调查维度的确立主要参考了各专家学者的研究及相关问卷的编制。使用意愿参考了DeLone和McLean两位学者的研究，调查了学生在线学习产品的使用频率、主动使用意愿；学习表现基于学者Lin的研究，调查了使用在线学习产品对学生学习成绩、学习兴趣、知识面的影响；自学能力改编自学者Zimmerman对自主学习能力的研究，从制订学习计划、管理时间、调整学习方式、反思4个方面展开调查；信息质量参考了DeLone和McLean的研究，从信息的准确性、丰富性、易学性展开调查；交互质量参考了Zhao、Pituch、Xiao等的研究，从人机交互、师生交互、生生交互三方面出发衡量产品的交互质量；产品满意度基于Bhattacherjee、Wang等人的研究，而持续使用意愿则参考了Roca、Lee等人的研究。基于上述研究和调查目的，本问卷的指标体系由7个一级维度、35个题项组成。

本次调查共回收问卷10058份，筛除答题时间小于90秒的140份问卷，再筛除答案呈现规律性作答的1288份问卷，最终剩下8630份有效问卷。问卷分别覆盖全国13个省级行政区域及香港特别行政区和海外地区。

问卷的结果与分析详见附录一。

二、访谈的设计与实施

本次访谈的目的是了解中小学生使用在线教育App进行在线学习的现状，了解成绩较好和成绩较差的同学在使用在线教育App时的表现有什么不同，了解"双减"政策后，在线教育App的具体变化表现在哪些方面。

本次访谈的提纲主要分为三部分：第一部分为基础信息部分，在了解被访学生的年级、年龄和就读学校的基础上，掌握其在日常生活中是否使用在线学习产品以及具体使用哪些产品，为后续的了解作铺垫。第二部分为现状部分，是当下在线学习产品在被访学生学习中的具体使用情况。主要包括其使用在线学习产品的现状、动力来源、使用频率、常用功能、应用场景、作用与帮助等方面。第三部分为"双减"后的变化部分，着重关注"双减"后在线学习产品在功能与内容上的变化，以及其对学生使用的影响。

定性研究不采用概率抽样方法选择研究对象，在选择对象时更多地关注数据内容的变化，因此研究对象较少。为了从研究对象中收集更多的信息，大多数研究采用了目的性抽样方法。本研究也采用了该方法。在选择研究对象的过程中，制定了选择标准，以确认研究对象是否符合研究目标。根据研究目的，我们确定了被访对象为中小学生，且访谈对象中要有成绩较好的和成绩较差的两类学生。由于研究需要了解学生的使用现状，因此在选择被访者时没有对其是否使用在线教育App做限制。为方便收集数据，本研究联系了研究团队中实习生所在的学校，包括杭州A1小学、杭州A2中学和杭州A3中学。访谈对象是研究者在联系实习生说明研究目的后实习生随机选择的，他在杭州A1小学选择了五年级的学生，一共10名，其中5名学生成绩较好，5名学生成绩较差；在杭州A2中学选择了八年级的学生，一共12名，其中4名成绩较好，4名成绩中等，4名成绩较差；在杭州A3中学选择了七年级的学生，一共12名，按照班级成绩排名，选择了班级排名前4名、中间4名和末尾4名学生。

访谈的结果与分析详见附录二。

第三节

调查结果分析

针对学生的调查，主要涉及在线学习产品的使用意愿、持续使用意愿、学习环境、学习效果、信息质量、交互质量、满意度七个方面。基于上述发现与讨论，本研究获得了使用情况、产品质量和学习体验三个方面的研究结论。

一、智能在线学习产品的使用情况

本部分调查主要从细分领域的使用情况到具体的应用场景，了解智能在线学习产品的使用现状。通过调查发现，绝大多数学生都在使用或使用过智能在线学习产品，且使用频率较高。从细分领域看，个性化学习工具类产品最受学生欢迎，用户规模最大。从具体使用场景看，智能在线学习产品还未深入课堂，学生在课后作业、课外拓展和课前预习时应用较多，在考前突击时应用最少。就目前的调查结果来看，如何走进课堂适应更多应用场景、如何提高产品的吸引力是智能在线学习产品面临的主要问题。

1. 随着年级增加，智能在线学习产品的使用频率增高

总的来说，学生对智能在线学习产品的使用频率较高，其中14.7%的学生每天都用，34.8%的学生每周使用数次。就学段来看，初中生对智能在线学习产品的使用频率显著高于小学生，如图5-1所示。这可能是因为初中生相对小学生有更强的自主学习能力，对使用智能在线产品能够有更大的主动权，能够根据自己的需求选择合适的智能在线学习产品。在主要调查地区中，上海地区的学生使用频率显著高于长沙地区的学生使用频率，不同地区学生的在线学习产品使用频率可能受疫情下相关政策的影响而存在较大差异。上海地区属于一线城市，一线城市的学生拥有更加丰富的数字生活，数字素养较高，能够更加高效地使用智能在线学习产品。

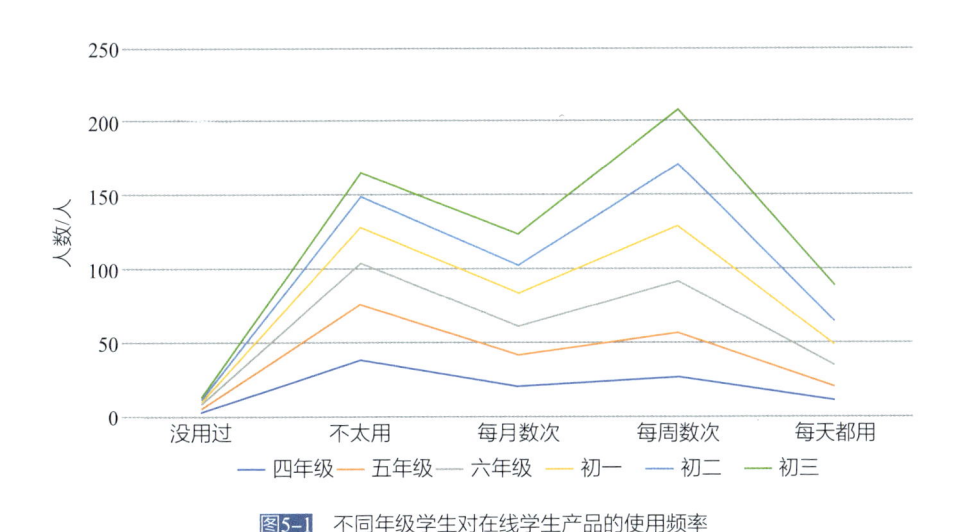

图5-1 不同年级学生对在线学生产品的使用频率

2. 学业水平越高的学生对产品的使用意愿越强

调查结果显示，超过50%的同学愿意主动使用智能在线学习产品，多数学生愿意推荐别人使用智能在线学习产品，但是不愿意提高智能在线学习产品的使用频率。持续使用意愿在不同学业水平的学生间存在差异，学业水平越高的学生对智能在线学习产品的使用意愿越高，且他们对智能在线学习产品的满意度也相对较高。他们认为使用智能在线学习产品的学习效果更好，因而持续使用意愿也更强。这表明学业水平高的学生能够合理有效地使用智能在线学习产品，且通过智能在线学习产品的使用取得了较好的学习效果，因此，他们更愿意持续使用，从而进入良性循环。

3. 个性化学习工具广泛受学生欢迎

就调查和访谈的结果来看，中小学生使用得最多的在线学习产品是个性化学习工具。初中学生对使用在线学习产品过程进行控制的感知程度较高，他们除了会使用提供拍照答疑功能的作业帮、百度搜题、小猿搜题等，还会使用提供英语口语测评功能、英语背单词功能的英语口语配音、百词斩等。这类产品在使用时要求用户必须有很强的自我管理能力，因为它们在方便学生的同时可能会助长一部分学生的惰性思维。访谈发现，学业水平较高的同学更关注拍照答疑后的解题过程、答案解析，而学业水平较低的同学更多在课后写作业时使用或者考前复习时使用，且更加关注题目的答案。学业水平较高的学生能够更好地利用智能在线学习产品指导自己的学习。

4. 智能在线学习产品还未深入课堂

调查结果显示，大多数学生正在使用在线学习产品，使用的场景主要是"课后作业"、"课外拓展"和"课前预习",在课后做作业时使用App的学生最多。可见智能在线学习产品目前对学生的学习还只是一个辅助工具,对学生的课堂学习还没有撬动性作用。原因可能是多方面的,从学校层面来说,有些学校可能不具备让智能在线学习产品进入课堂的硬件条件;从教师层面来说,有的教师年龄偏高,本身信息化意识和运用数字化工具开展教学的能力就不足,无法在课堂中合理应用智能在线学习产品;从产品层面来说,某些智能在线学习产品的产品逻辑、产品形态可能不适应线上线下融合的未来课堂。因此,促进智能在线学习产品的发展需要多方面协同推进,比如,需要促进学校数字基础设施建设,提升教师数字化教学能力,优化产品功能,等等。

二、智能在线学习产品的产品质量概述

本部分主要分析智能在线学习产品的产品质量,这是学生在线学习体验的基础,是形成良好学习效果的前提。本调查主要从智能学习产品的信息质量(准确性、丰富性、易学性),交互质量(人机交互、师生交互、生生交互)2个一级维度共计6个二级维度(图5-2)展开调查。总体上来看,学生对智能在线学习产品的产品质量满意度一般、交互质量满意度相对偏低。随着产品的更新迭代,其易学性以及人机交互两方面已符合大多数人的学习需要。但与此同时,学生认为其知识准确性以及生生交互功能还有所不足。目前的调查结果显示,

智能在线学习产品仍需提高准确性、完善生生交互功能。个性化学习工具的产品质量提升需要社会各界的更多关注，我们应充分发挥在线学习优势，克服学生对线下教学的依赖，提升其在线学习适应性，我们应实现在线教学的真正普及。

图5-2 产品质量调查设计

1. 学生对智能化直播平台的信息质量满意度最高，个性化学习工具深受学生青睐，但学生对其信息质量满意度低

调查显示，不同类型的智能在线学习产品中，学生对智能化直播平台的信息质量满意度最高，对个性化学习工具的信息质量满意度最低（图5-3）。但被调查者普遍使用的智能化直播平台数量较少，大多聚集在钉钉和腾讯会议两个比较成熟的直播平台，常用的个性化学习工具数量多，包括作业帮、一起作业、小猿口算等。大多数个性化学

习工具的功能指向性强，所以学生对个性化学习工具的需求强烈，但是其信息质量普遍低于预期水平。未来，个性化学习工具的更新迭代应基于学生的个性化需求，借助智能技术满足学生多样化学习需求，为学生提供科学的工具使用指南。

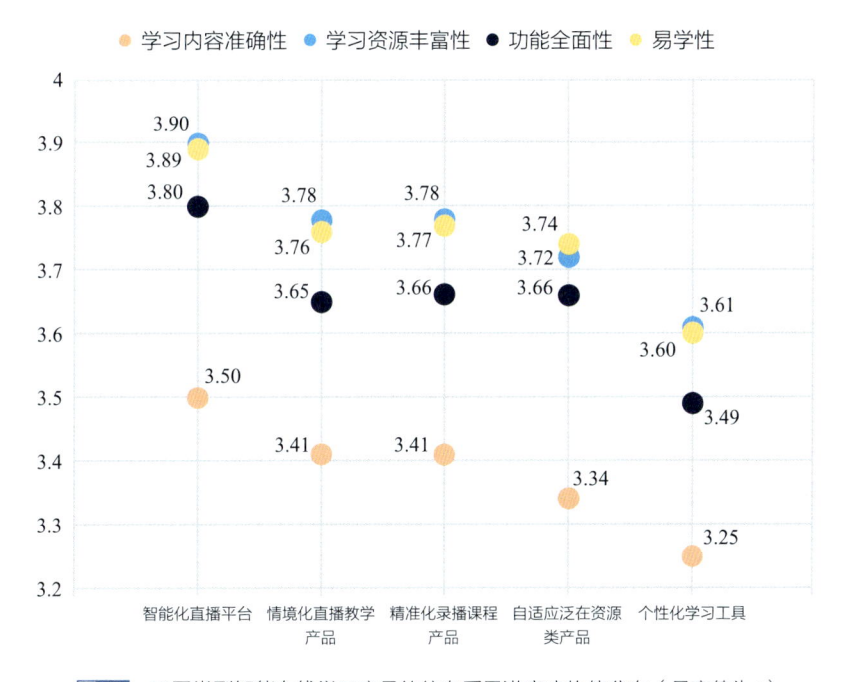

图5-3 不同类型智能在线学习产品的信息质量满意度均值分布（最高值为4）

2. 智能在线学习产品的学习资源丰富性和易学性得到较多学生的肯定，但其准确性仍需提升

调查显示，智能在线学习产品的易学性的学生满意度相对较高，说明学生在操作、获取资源、理解内容时比较轻松，产品提供了较多的引导和帮助。但是，学生对其学习内容准确性满意度较低（平均值

为3.38）。其中，学生对个性化学习工具类产品学习内容准确性的满意度最低（3.25），对智能化直播平台学习内容准确性的满意度相对较高（3.50）。与此同时，对于产品的学习资源丰富性，学生的认同度普遍较高，学生对智能化直播平台的资源丰富性满意度最高（3.90），对个性化学习工具的满意度最低（3.61）。因此，可以看出智能在线学习产品的功能较全面、内容够丰富，但学习内容的准确性还不够。

3. 智能在线学习产品的人机交互功能较强，在师生交互、生生交互六面仍较欠缺

针对交互质量维度，从人机交互、师生交互和生生交互三个方面进行调研，学生的满意度依次递减。总体来看，智能在线学习产品的交互质量满意度一般，其中人机交互满意度相对最高（3.50），生生交互满意度最低（3.34）。详见图5-4。调查显示，在线学习的交互活动对学习成绩具有正相关影响，参与过交流活动的学习者的学习成绩均值高于那些没有参与交流活动的学习者。交互质量不仅受产品本身功能的限制，很大程度上还受课程设计的影响，人机交互满意度相对较高说明智能在线学习产品在推送学习报告、推荐学习资源上功能较完善；生生交互满意度略有不足，说明在线学习产品的特点未能为同伴学习创造完美在线学习环境，其合作学习功能、在线教育课程的协作学习环节有待丰富和完善。元宇宙的出现将对教育变革产生了根本性影响，未来"元宇宙+教育"将会重塑虚实交融的智慧学习场域。学习者可通过沉浸式体验，在生生、师生交互中产生对所处环境和教学活动的认同感，进而获得良好的学习体验。

```
        3.50           3.46
                                    3.34
```

　　　　人机交互　　　师生交互　　　生生交互

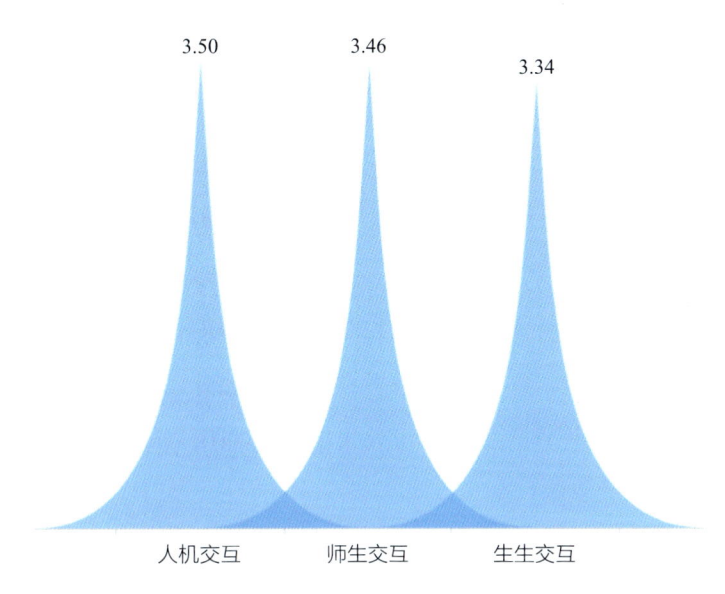

图5-4　学生对智能在线学习产品的交互质量满意度

4. 线上线下融合教学新样态任重道远

　　调查发现，整体来讲，学生对智能在线学习产品的满意度较低，虽然其基本能满足学生的学习需求，但学生更倾向于选择线下学习。目前，线上教学与线下教学处于分离状态，学校教学的覆盖面比线上教学更广。学生在两种学习方式选择上意见不一，可见在线学习与学校学习各自具备优势，将线上与线下教学进行融合的教学新样态或成为教学创新的重要路径。未来，智能在线学习产品除了要从任务属性和任务复杂度角度出发改善自我，还需要根据教学过程的方方面面做到对学生学习状态、习惯甚至情绪的精准把握，最大化地实现与线下课堂授课教师一样的对学生独特性的抓取，减少学生在学习过程中对于自身独特性被忽视的担忧。

三、智能在线学习产品的学习体验分析

本部分主要调查受访学生使用智能在线学习产品的学习效果,这是优化智能在线学习产品的重要依据。调查包括使用智能在线学习产品后,学生学习表现、逻辑思维能力以及自学能力的变化。调查发现,智能在线学习产品对中小学生的学习具有积极作用,提高了学生的学习表现,增强了学生的逻辑思维能力,提升了学生的自学能力。但是,智能在线学习产品对学习效果的促进作用尚未达到较高水平,仍有待提升。详见图5-5。

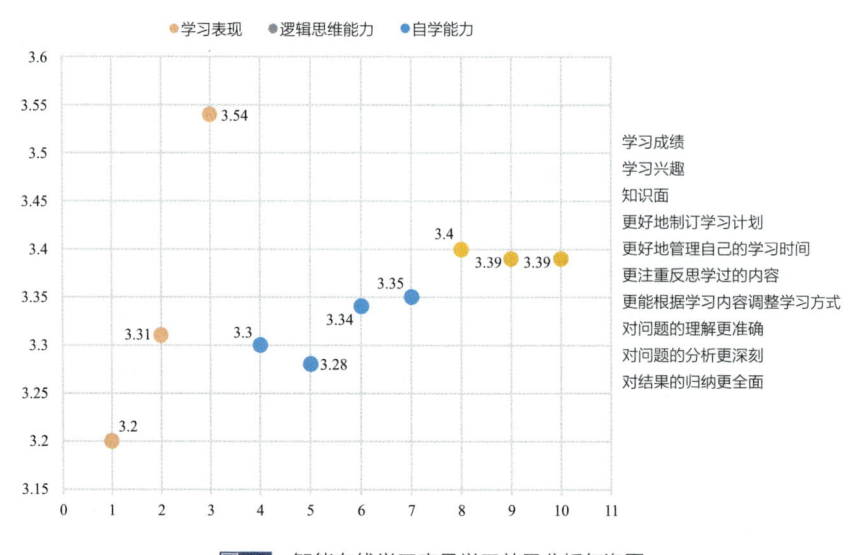

图5-5 智能在线学习产品学习效果分析气泡图

1. 智能在线学习产品的使用提高了学生的学习表现

调查发现,使用智能在线学习产品后,学生的学习成绩得到了提

升，学习兴趣得到了激发，知识面也得到了拓展。其中，智能在线学习产品对知识面的积极作用最强，对学习成绩的积极作用最弱。究其原因，学生的学习成绩主要受课堂学习的影响，而知识面的拓展则主要来自课外的学习。结合不同类型的产品，我们发现个性化学习工具类产品对提高学生学习成绩的影响最低，智能化直播平台类产品对提高学生学习成绩的影响相对较大。因为个性化学习工具对学生自身信息素养的要求更高，而智能化直播平台的学习效果主要取决于教师的直播教学能力，且大部分教师接受过专门的培训活动。这表明智能在线学习产品在提升学生的学习成绩上还需要持续改进，尤其是个性化学习工具类产品。

2. 智能在线学习产品的使用提高了学生的逻辑思维能力

调查发现，使用智能在线学习产品后，学生对问题的理解更准确了，对问题的分析更深刻了，对结果的归纳也更全面了。在解答问题时，智能在线学习产品为学生提供了解题思路、解题详尽过程、相关知识点等内容，有助于学生理解问题、分析问题。智能在线学习产品更为学生提供了错题本等功能，能帮助学生归纳总结。学生的学习表现、自主学习能力都是以逻辑思维素质为基础的。这表明，智能在线学习产品对学生逻辑思维能力的促进作用至关重要。

3. 智能在线学习产品的使用提高了学生的自学能力

调查发现，使用智能在线学习产品后，学生能更好地制订学习计划，更好地管理自己的学习时间，更注重反思学过的内容，也更擅长根据学习内容调整自己的学习方式。学生自主学习能力的高低也是影响智能在线学习产品使用效果的重要因素，具备独立和自治能力的学生才能高效使用智能在线学习产品，因此培养并提高学生自主学习能力是当前亟待解决的问题。这表明，为学生创建适合自主学习的环境和条件，实现学生学习过程的追踪和记录，帮助学生形成个性化的学习计划，帮助学生养成良好的自主学习习惯，都是智能在线学习产品的优化方向。

4. 智能在线学习产品对学习表现的影响在不同年级和学业水平之间存在差异

初中学生使用智能在线学习产品后，对学习成绩的影响比小学大，且学业水平越高，学习效果越好。这可能与学生自主学习能力、学习目的的明确性相关。年级越高、学业水平越高的学生往往具备更强的自主学习能力，且目标明确。当前的在线学习产品依然是适合于具备较强的自主学习能力与自我控制能力的学生，这类学生的学习成绩大多处于中等偏上水平或者学段较高。此外，初高中学生对在线学习效果的要求比较刚性。随着年级的提升，初中生对在线学习产品的学习效果有更加敏锐的感知，若产品的智能化、自适应、情境化、个性化、精准化特征不足以吸引学生，反而会增加他们的学习负担、分散他们的注意力，尤其对自制力较差的学生来说。这表明针对低年级或者学业水平较低的学生，智能在线学习产品尚未具备足够强大的适应性功能。

第四节 建议

在线教育发展迅猛，对于教育信息化来说既是机遇也是挑战。运营商应主动把握在线学习产品的发展特点，以及用户的使用习惯；学生应该跟进信息化时代发展步伐，在在线学习环境中实现学习方式创新。我们站在智能在线学习产品使用现状调查者角度，从在线学习产品升级、在线学习方式创新、在线学习环境优化三个方面提出如下几点建议。

一、优化在线学习环境

1. 鼓励家庭教育，营造良好的在线学习产品学习氛围

使用在线学习产品时，学生的学习环境和学习方式都发生了重大变化，学生能否在家长的帮助下尽快适应在线学习，是提升在线学习质量和维护学生身心健康的先决条件。因此，家长应正确定位在线学习产品，陪伴孩子使用在线学习产品，帮助孩子改善情绪。

（1）正确定位在线学习产品。调查发现，父母对孩子使用在线学习产品的支持是孩子在线学习的推力，可增强孩子在线学习产品的使用意愿。第一，家长需要正确认识在线学习产品。在线学习产品是孩子学习的得力助手，而不是他们沉迷电子产品的罪魁祸首。家长对在线学习产品的正确定位和态度是支持孩子使用的第一步。第二，家长需要监督孩子在线学习产品的使用。支持孩子使用在线学习产品并不意味着放任和不闻不问，孩子自我控制力有限，注意力容易分散，需要家长的监督。

（2）陪伴孩子使用在线学习产品。低年级学生使用在线学习产品产生的学习效果不如高年级学生，因为低年级学生的认知水平较低，想要达到良好的学习效果离不开家长的鼓励和陪伴。第一，家长可以适当鼓励孩子使用在线学习产品。不可否认，在线学习产品作为一种学习辅助工具，对学生的学习有积极的促进作用，家长的鼓励和支持可以提高孩子使用的意愿。第二，家长需要陪伴孩子使用在线学习产品。低年级学生在使用在线学习产品时往往存在不会操作、无法理解等问题，而家长的陪伴可以帮助孩子正确操作产品，还可为孩子讲解知识内容。

（3）帮助孩子改善情绪。维持学生良好的心理健康水平是提升其在线学习适应能力的重要方法，这需要家长的积极配合。第一，家长需要疏导孩子的负面情绪。使用在线学习产品时，孩子往往待在家里，不能和同伴一起活动，他们的负面情绪可能会持续累积。请家长理解孩子的负面情绪，及时对孩子进行正面疏导。第二，家长可以培养孩子使用在线学习产品的积极态度。引导孩子将在线学习产品视为学习的有力助手和伙伴，这可以改变孩子对在线学习产品的认识，助其形成主动使用的思维习惯。

2. 培养学生良好的在线学习产品使用习惯，助其合理使用产品

在线学习产品作为一种辅助学习工具，所产生的学习效果离不开学生的使用方法和技巧。因此培养学生合理使用在线学习产品的习惯至关重要。我们可以从合理安排使用时间、最大程度发挥产品功能两方面着手。

（1）合理安排使用时间。在线学习产品有利也有弊，它可以帮助学生学习，但依附于电子产品，难免会对学生造成一定危害，因此需要合理控制使用时间。第一，控制每天的使用时长，每半小时左右可以放松眼睛，每天累计使用不超过两个小时。长期使用电子产品，容易造成视觉疲劳，久而久之会导致视力下降。第二，把握好课前预习、考前冲刺的使用场景。课前预习时使用在线产品可以提高学习效率。学生独立接受新知识，对要学的内容心中有数，有利于其课堂上紧跟老师思路。考前冲刺时使用在线学习产品可以全方位地巩固知识要点，加深印象和理解。

（2）最大程度发挥产品功能。在线学习产品种类颇多，有智能化直播平台、情境化直播教学产品、精准化录播课程、自适应泛在资源、个性化学习工具，不同种类的产品具备不同的功能，选择最适合的产品并正确使用，可以达到事半功倍的学习效果。第一，使用智能化直播平台时，要把握随时随地一键加入直播的优势，有需要时可以使用云端录制功能录制直播课堂。第二，使用情境化直播教学产品时，要把握其直播教学的专业性。可以结合直播课堂的互动课件理解复杂的概念、解题过程。第三，使用精准化录播课程时，要把握其丰富、多样、全面的课程资源，选择适合的学段、科目、知识点，根

据自己的需求观看录播课程。第四，使用自适应泛在资源时，要把握其泛知识类学习资源碎片化、即时性的特征，利用碎片化时间随时选择感兴趣的资源展开学习。泛知识类学习资源不同于书本知识，它鲜少提供深度解读，其对知识的降维表达和观念的凝练更适合即时、迅速、随时的在线学习。第五，使用个性化学习工具时，要把握其针对性的功能，结合自身需要针对性地加强练习。

二、创新在线学习方式

抗疫期间的"停课不停学"不仅是对我国近十年来基础教育领域信息化改革与教师信息技术教学培训效果的一次大检阅，也是推进我国基础教育教学形态创新变革的一次意义非凡的教育实验。在线教学的广泛应用为以后融合式教学以及弹性教学的发展打下了基础，教学会逐渐从实体空间转移到虚拟空间，并呈现出一种大规模社会化协同的形态。教育将会摆脱时间与空间的束缚，学校的围墙也会被打破，在线教育与学校教育双向融合的新生态正在形成。未来信息化和教育教学的融合将会加速，混合式教学将成为未来教学的新常态。

未来教育要以促进学习者发展和提升学习者智慧为理念。在物联网、云计算和大数据等智能技术所打造的物联化、智能化、泛在化的教育信息生态系统的支持下，世界各地的学习者获得教育的方式正在改变，混合式、组合式、多元化和个性化的学习模式将成为越来越多人的选择。

1. 培养学生自主学习能力，为迈向未来教育提供动力

长期的学校课堂教学使得人们产生一种惯性，认为学习必须有老师陪伴。在线教学为学生的自主学习提供了条件。网络平台提供的不仅仅是资源，还有认知工具、题库、学习过程管理系统、学习过程数据分析系统，利用这些可以有效地开展自主学习。调查中可以看出，智能在线学习产品在很大程度上能够帮助学生根据学习内容调整学习方式，同时其功能也为学生反思学习内容、管理学习时间、做好学习计划提供支持。很多孩子可以借助智能在线学习产品制订一天的学习计划。通过这样的实践，孩子们感受到学习是自己的事儿，而教师只是学习过程的促进者和帮助者。

（1）培养学生有意识地加强自主学习体验。中小学生自身的年龄和心理特征决定了他们的学习方式和状态水平，外界条件的刺激能够激发学生的好奇心和乐趣。数字化学习环境提供了这样一种全新的环境，中小学生应该在老师的引领下，积极主动地自主学习，完成学习目标的选择、内容和资源的确定、学习方法的提炼以及对自身学习结果的评价，从而适当地调整学习过程，以达到最佳的学习效果。学生应该积极地享有并且主动地去拓展这种完整系统的学习体验。

（2）坚持有指导的自主学习。自主学习在不同的学段，需要获得的教师的指导是不同的。有指导的自主学习是学生成长的重要形式，这样的成长并不需要像传统教育那样高度依赖教师。当然这种学习方式，对学习者也提出了能力上的挑战。在调查中，我们发现学业水平能力比较弱、自我管理比较弱的学生，在在线学习过程中会遇到一些困难，学习效果较差。针对低学段或者学习能力较弱的中小学生，教

师的指导需要更详细、更紧密；针对自我管理能力强的学生，教师的指导方法和节奏可以不同。学生可以根据产品形成的学习报告制订学习计划，在产品的监管下自主学习，尤其是要注重内容强度的提升和学习方法的选择。可以看到，有指导下的自主学习，已经成为近三亿名中国学生居家学习的重要的形式。

2. 开展数字化学习，转变成为数字一代学习者

数字化学习能力是中小学生最重要的能力之一，对他们的未来发展至关重要。中小学生的数字化学习不仅涵盖他们在泛在数字化环境中的学习，也包括他们在其他情境中利用数字化工具和数字化资源开展的学习；不仅包括学生的正式学习，也包括发生在家庭和社会等场域中的非正式学习。作为互联网时代中小学生的必备能力，数字化学习能力在不同的学习场景中对于学习的成功发挥着不同的重要作用。

（1）利用数字化学习环境、数字化学习资源开展数字化学习。调查显示，学生认为通过智能在线学习产品进行学习在扩大其知识面上发挥了积极作用。但年级较低的学生以及部分高年级学生资源选择能力较弱，存在学习目标不明确、自控能力不强的情况，因此，明确学习目标是提高学习效率的首要因素。模糊不清的目标和计划容易使网络学习偏离主题，导致"信息迷航"：一方面教师要训练学生知道如何确定学习目标、知道需要学什么，使学生的学习更有目的性、参与的积极性更高；另一方面教师必须为学生提供优质的系统的学习资源，开发引进多数量、多种类、立体化的学习资源，另外还要注重教学设计，减少学生利用资源的盲目性。自主学习能力较强的中小学生已经具备从网上收集、下载学习资料并进行加工的能力，但这种加工只是浅层次的，没有内化到个人的知识结构体系中去。在数字化学习过程中，学生可以借助思维导图、电子笔记等工具内化知识，充分利用教师提供的资源，同时也要用批判的视角看待网络资源，杜绝对资源的依赖。

（2）加强学生的信息素养。促进中小学生数字化学习能力的发展，不仅要求重视学校智慧学习环境的建设，还强调中小学生要加强信息素养。全面提升学生的信息素养水平，须从多个方面、从多个角度着手：第一，学生要重视培养自身学习意愿管理、行为管理能力，养成良好的学习习惯和品质；第二，学生要加强纸质和电子阅读能力，改善自身认知策略，提高学习的效果和效率；第三，学生要重视信息素养培训的正式和非正式学习，在日常使用技术过程中规范技术使用、学习多种技术的使用方法。研究结果表明，接受了新课标教学方式的高中学生，其信息素养不再仅仅受成绩与基础知识的影响，他们对于信息获取的主动性大大提升，对于科学道德与社会责任感也有了较大程度的认识与感悟，但小学、初中的学生依旧需要信息道德、信息伦理的正确引导。

3. 推动弹性教学，适应在线教学新样态

为了遏制新冠疫情的传播，全球大部分学校都有被迫关停、"停课不停学"的经历。这种超大规模的在线教育实践，呈现出以弹性教学和主动学习为基本特征的新型教育教学形态，不仅凸显了教育信息化的价值，也成为我们共同定义"未来教育"的一个契机。

（1）发展主动学习能力，自定步调进行个性化学习。个性化学习强调学习过程应是针对学生个性特点和发展潜能而采取恰当的方法、手段、内容、起点、进程、评价方式等，促使学生各方面获得充分、自由、和谐发展的过程。在智慧教学环境，学生可以通过课程论坛，对自己在课程学习中所遇到的疑难问题提出寻求帮助，教师和同学可以在线或离线回答，提供解答或有针对性地提供教学资源。同时，学生需要积极搜索与课程学习相关的各种数字化教学资源，通过课程论坛进行资源共享，从而扩大在线教学资源的共享数量和质量。由此，学生可根据自己在课程学习过程中的实际需求，选取所需的教学资源。教师也可通过统计分析学生在课程论坛中所提出的各种疑难问题，有针对地进行个性化在线辅导。

（2）提升师生在线教学胜任力。数字化环境下的在线教学方式是教师和学生共同参与的、依托在线教学环境支持的系统化教学活动集合，这就需要教师转变教学观念，以高尚的道德情操、一流的专业水平、扎实的教学能力、良好的信息素养和持续的教学创新胜任在线教学；需要学生转变学习方式，以坚韧的意志品格、严谨的学习态度、持续的学习能力、良好的信息素养胜任在线学习。提升在线教学胜任力能够有效提高在线教学效率，提升在线学习效果，从而为推动在线教学方式创新提供支持。

4. 协同知识建构，促进在线合作学习

在线学习具有交互性、社会性和认知临场感等特性。调查发现，交互对在线学习的关键作用已获得大家的认可。良好的在线学习应该利用社交网络建立在线社区、在线学习共同体，以支持常规人际互动，减少学生在在线学习中可能出现的孤独感。

协同知识建构即利用网络平台或通信平台，个体创建并分享自己

的知识，然后根据公众理解修正这些知识，再协商形成共识，最后生成一个共同的认知作品或认知产物的过程。共识可能是一张概念图、一份报告、一个图表、对某个认识的描述等。基于网络的合作学习过程不同于面对面的交互，很容易让学习者产生一种独自学习的孤独感，进而失去学习兴趣。"只有充分的交互活动才能激起学生激烈的观点碰撞，进而促成概念层次上的协同知识建构"。

首先，在组织开展在线学习时，教师要鼓励成员积极参与。教师可多设置一些有趣的、具有交互性的活动，促进学生的参与。其次，在小组合作的过程中，"领导者"能引导其他成员朝有利于知识建构的方向发展。因此，教师要注意引导具有领导潜力的学生发挥其作用。再次，在协同知识建构的过程中，要有意识地利用相关工具，如思维导图和概念图来辅助观点的收敛。从次，要建立一定的协商机制，帮助学生将不同观点集中在一起，并且通过协商达成观点一致。最后，改变论坛对话结构和环境。除了支持发散的结构外，还要致力于聚焦，使学习社区聚焦于中心论题和问题求解。

三、升级在线学习产品

新冠疫情导致学校被迫转向线上教学，在后疫情时代，线上教学更是已经成为一种习惯，线上线下融合教学成为教育新常态。智能技术的发展，将为教育领域带来一场巨大的革命，互联网与教育产业将进入深度融合时代。在线教育通过文字、图片、音频与视频等方式的传播，能实现学习过程中人与人之间的互动与分享，而大数据与云计算强大功能的介入，将推动在线教育充分依靠技术创新，打造出智能在线学习产品和资源，促进在线教育智能化，为各类人群提供有效的学习手段和工具，使每位学习者都能更加便利地获得所需要的教育信息或知识。

对于学习者来说，需要的是技术先进、适合学生特点、促进学生发展的智能在线教育学习产品，帮助学习者更有效地获得知识，适应社会的发展需求。智能在线学习产品，应当从各方面探索智能技术与在线教育教学的深度融合，不断进行更新迭代，有效支撑学生的在线学习，保障学生的学习效果，促进学生的发展。

1. 增加智能化直播平台和情境化直播课程类产品的临场感

智能化直播平台和情境化直播课程类产品应更多发挥智能技术的作用，以实现传统课堂要素的有效迁移。在线学习，不应只是将课堂上的教学方式和内容直接简单地搬到网上，而是应充分发挥出技术的优势，在与实践需求相结合的基础上，发挥其强大的功能和作用。因此，直播平台类和直播课程类产品应充分利用智能技术实现传统课堂的功能、要素迁移，利用智能技术在产品上增加相应功能，以方便教师及时掌握学生动态、了解学生的实时学习状态，最终保证良好的教学效果。调查结果显示了学生在使用智能在线学习产品时生生交互体验感不足，因此，在提供方便教师的功能时也应考虑学生的需求，增加方便学生协作交流的功能，以加强学生与学生之间的互动，进一步增加学生的临场感。

2. 强调精准化录播课程产品和自适应泛在资源类产品的多样性和科学性

精准化录播课程产品和自适应泛在资源类产品应继续保持并增加课程资源的多样性，提高课程内容的科学性，从多方面满足学生的学习需求。精准化录播课程产品为学生提供了多样化的录播课程资源，学生可根据自己的需求，不受时间空间的限制，实现知识点的精准突破。因此，精准化录播课程产品应持续更新课程资源，增加课程资源的多样性，同时，也要确保课程内容的科学性。就调查结果来看，学生对智能在线学习产品的准确性满意度较低，产品供应商除了在课程资源的全面性和多样性上花功夫外，还须注重产品内容的准确性，增加内容校对的人员配置，给学生的学习带来正确科学的引导。

3. 注重个性化学习工具的可操作性、合理性和趣味性

个性化学习工具应改进其呈现形式，注重其可操作性、合理性和趣味性，要能提高学生的学习兴趣，避免助长学生的惰性思维，要能促进学生进行反思，从而培养学生的高阶思维能力。学生使用个性化学习工具，都是根据自己的需求独立完成的，没有教师指导，因此，个性化学习工具在一定程度上能够培养学生的独立思考能力。但是，完全的自主也容易助长学生的惰性思维，导致学生完全依靠个性化学习工具解决问题。因此，个性化工具在一定程度上需要改变呈现形式，增加更符合学生的学习需求和学习特点的功能设置，增加产品的合理性和趣味性，让学生在个性化的选择下既有自主权，同时又能真正地促进其思考和反思能力，从而有效培养学生的独立思考能力、反思能力等高阶思维能力。

第六章

智能在线教育的发展趋势

1

第一节

教育数字化转型

2022年全国教育工作会议明确提出，我国要"实施教育数字化战略行动"。中共十九大提出，推动互联网、大数据、人工智能和实体经济深度融合，建设数字中国、智慧社会。中共十九届五中全会提出，发展数字经济，推进数字产业化和产业数字化。产业数字化对社会各行业劳动者素质提出了更高要求，创新能力、沟通协作能力、复杂问题解决能力、人机协作能力等将成为面向未来的关键能力。人才需求的变化倒逼教育系统必须进行全面、彻底的转型和升级，建设以数字化为支撑的高质量教育体系，是应对新阶段人才培养挑战的必然选择。加快推进教育数字化转型，是我国教育实现从基本均衡到高位均衡、从教育大国到教育强国的必然选择。

尽管已有研究对数字化转型存在不同的理解，但基本达成了这样一个共识：教育数字化转型拥有数字化层面和转型层面两个层面的价值。在认识"数字化""转型"二者的基础上，再次审视教育数字化转型，我们会发现其内涵已经超出了"数字化""转型"的简单组合。教育数字化转型是一种划时代的系统性教育创变过程，指将数字技术整合到教育领域的各个层面，推动教育组织转变教学范式、组织架构、教学过程、评价方式等，以进行全方位的创新与变革，从供给驱动变为需求驱动，实现优质教育公平与支持终身学习，从而形成具有开放性、适应性、柔韧性、永续性的良好教育生态。

数字化转型通过对数据的深度挖掘与优化，从数据生态延伸至价值生态，进而实现教育系统的创新和变革。其中包含三大核心要素：一是技术，数字化转型基于新数字技术的使用，如社交媒体，移动、分析或嵌入式设备；二是组织，数字化转型要求更改组织流程或创建新的模型；三是社会化，数字化转型是一种通过提升客户体验等方式影响人类生活各个方面的现象。从某种程度上看，教育数字化转型与技术、组织和社会化密切相关，也与参与者、目标和技术方法相互关联。加之数据的赋能作用，以上种种因素共同构建了教育数字化转型的核心要素框架（图6-1）。

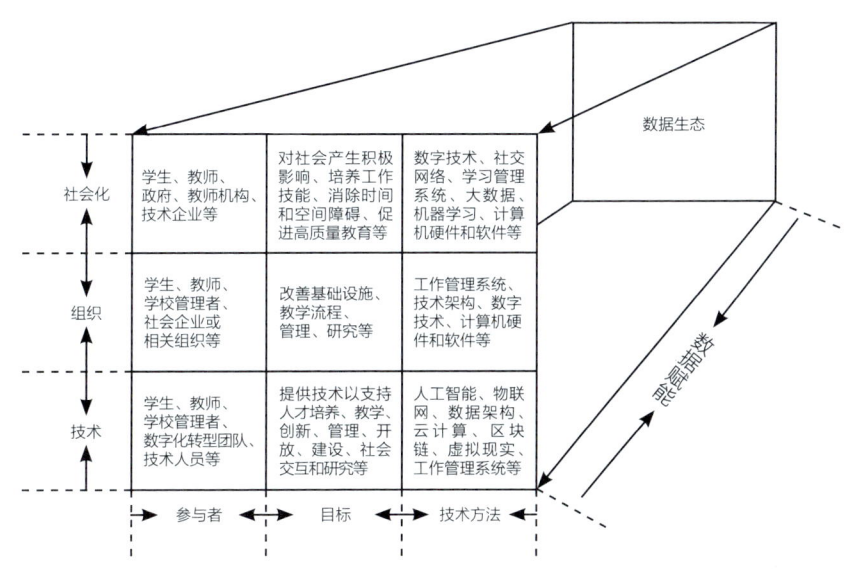

图6-1 教育数字化转型的要素框架

智能在线教育为每个人完善自身、成长成才提供了充分的学习资源和便利条件，要紧紧抓住数字教育发展战略机遇，以高水平的教育信息化引领教育现代化。

1. 加强数字资源建设与共享

建立教育数字化公共服务体系。国家中小学智慧教育平台通过汇聚专题教育、课程教学、课后服务、教师研修、家庭教育、教改实践等各类优质资源，为教与学提供全过程、智能化、个性化服务，为广大师生提供高质量的公益性服务，为落实"双减"提供支撑。

2. 促进城乡教育公平

偏远地区学校面临着教师普遍教学胜任力不高、骨干师资不足、课堂教学质量不高等难题。智能在线教育以其打破时空阻隔的特征，让教育城乡一体化、区域教育均衡、优质教育资源覆盖面扩大成为现实，让民族地区实现优质教育资源共享，助力解决民族地区教育发展不充分、不均衡问题。

3. 推动就业数字化建设

2020年，为应对新冠肺炎疫情推出了"24365校园招聘服务"。各省各高校也在高校毕业生就业工作中，不断加强信息化建设，升级就业网站，扩大互联互通。这些探索与实践，在促进部、省、校三级统筹、实施数字驱动创新发展方面，积累了宝贵经验，为推进数字化建设、实现教育治理体系现代化奠定了坚实的基础。

第二节

在线学习方式的创新

一、元宇宙在线学习

教学的灵活化、在线化和终身化是未来教育的新常态。罗德·吉钦斯（Rod Githens）认为增强人际互动以消弭时空阻碍是提高在线教学成效的关键。二维网络技术尚无法真正实现人际再融合，主要表现在"技术在场"掩盖学习规避、技术误用致使价值湮没、交互迷失导致情感缺失和技术"集置"产生教学异化。目前在线教学在交互、情感、质量、主动性等方面尚难以取得实质性发展。元宇宙在线教学为解决上述难题提供了可能途径。

从元宇宙在线教学的应用场域来看，可以分为三种类型。

1. 社会化在线学习

基于分布式虚拟现实，学习者可以选择大型的虚拟学习社区或者虚拟课程平台进行注册学习。身处异地的不同终端学习者通过化身可共享相同的虚拟学习空间，还可根据元宇宙中的社交规则，进行资源共享、合作互动和亲身体验等活动。学习者可以穿梭于不同的学习场景，开展自主学习、探究式学习、合作学习和创造性学习等。学习者还可与其他化身、虚拟人等进行多元互动。

2. 融课堂在线学习

元宇宙在线教学将真正打破传统课堂教学的封闭状态，使课上教学与课下学习真正融合起来。异地学生主要有两种参与方式：一是对授课教室进行虚实融合化处理纳入元宇宙在线教学系统，让异地非注册学习者通过化身形式参与课堂学习；二是对于注册的学习者，通过全息投影等技术将影像显示在本地教室中，或者显示在教师控制屏幕中，让学习者参与真实的课程互动。

3. 实验化在线学习

元宇宙在线实验教学将超越真实，再现"真实"情境，展现反应现象，可进行过程记录和规避潜在风险。从实际需求来看，主要包括三种类别：一是流程体验类，该类实验主要面向特定的服务行业，在制作过程中需要精准满足流程中的规则要求，让学习者切身感受到"实景实情"。二是仿真操作类，该类实验需要通过准确的操作产生对应的反馈，反馈可以是文字、实验结果或现象等，关键在于反馈的科学性。三是终端实体操作类，该类实验以虚拟对象作为中介而操作真实对象，既能获得真实实验结果，也规避了潜在的实验风险，关键在于操作过程感知要尽量与实际操作相吻合。

元宇宙在线学习为学习者提供了社会化在线学习、融课堂在线学习、实验化在线学习三种学习方式，有助于学习者获得情境化、互动性的体验，提高在线学习效果。

二、在线同步视频学习

疫情下全球范围的在线教育大规模发展，使得在线同步视频教学超越了在线开放课程等异步在线教学，成为一种主流的在线教学模式。视频会议直播、社交软件直播、直播平台直播、课程平台直播、电视直播等在线同步视频学习方式为学生带来了新颖的、情境化的学习体验。

在线同步视频学习是指教师和学生在不同空间，利用互联网等信息技术开展的同时间、同步调、同进度的教与学活动。具备同时"在场"、在线"面对面"两大特征。在线同步学习的成本和灵活度优于"面对面"课堂教学，并且学生参与感也优于异步在线学习，是一种新型学习模式。

1. 同时"在场"

受限于网络技术条件，早期的在线教育只能采用师生不同时、不同地的以文字交互为主的异步在线学习模式。随着网络带宽条件的改善，人与人在网络空间中同时"在场"，即同一时间出现在同一个"虚拟空间/信息系统"中，变成了一件越来越常见的事情。线上同时"在场"打破了传统在线教育理论中"师生准永久性分离"的前提假设，使同步在线学习逐渐取代异步在线学习，成为公众认知中最具有符号意义的在线学习场景。这种借助老师和学生在同一网络空间中同时"在场"以组织学习过程的在线学习模式，正在逐渐取代异步在线学习，成为当下乃至未来一种主要的在线学习模式。

2. 在线"面对面"

依靠视频会议系统支持的视频同步在线学习是疫情期间主要采取的在线学习模式。视频会议系统通过设置多人同时显示或轮播等形式，让老师和学生可以互相"见到"，营造出一种在线"面对面"的临场感。这种在线"面对面"的临场感有效地促进了"学习在场、社交在场和认知在场"三者的有效结合，学生的学习体验远远超过了传统的异步在线学习模式。

针对大规模教育、课堂教育、全息教育三种教育模式，在线同步视频学习产生了与之对应的三种学习方式。

（1）5G+8K超高清大规模互动直播学习

5G能够支持数千万人同时在线超高清直播，极大程度地提升了直播学习的体验，从而实现了超高清大规模互动直播学习，满足高质量大规模在线直播学习的需求。未来，学术报告、开学第一课、教育赛事活动、思政大课等大规模的教育活动是潜在的学习场景。

（2）5G+8K超高清"三个课堂"直播学习

2020年3月，教育部发布《关于加强"三个课堂"应用的指导意见》，大力推进专题课堂、名师课堂、名校网络课程的常态化按需应用。当前，"三个课堂"在临场感、沉浸感、交互性等方面还难以满足学生的现实需求，5G＋8K超高清直播技术的融入将使学生获得全新的学习体验，显著增强"三个课堂"的智能化、共享性和互动性。

（3）5G+全息互动直播学习

5G与全息投影技术的融合，能够实现虚拟与现实的结合，投射三维全息人物或场景，达到人物或场景多场地分身的效果。借助全息舞台和直播绿棚塑造三维全息人物或场景，5G＋全息互动直播能够增强临场感、科幻感、真实感和即时感。2019年9月，上海市格致中学开展了"北京—上海—成都—青岛"四地同步的5G＋MR全息课堂教学活动，学生可以通过可操作、动态的混合现实全息3D模型学习抽象难懂的知识。

在线同步视频学习的特征及学习方式为学生的在线学习提出了提高交互性、增强现场感两大建议。

（1）提高交互性

在线学习的四种基本交互包含学生与教师交互、学生与学生交互、学生与内容交互及学生与界面交互。在师生交互方面，学生可以通过评论、弹幕的方式向教师提出自己的疑问，利用在线同步视频学习的优势及时解决问题。在生生交互方面，学生可以通过聊天室中的文字交流、基于共享白板的实时书写和协同写作等实现交互。直播过程中生生之间的交互有时会与教师线上讲授、答疑、辅导等同时发生。例如学生在听教师讲解时，可同步在聊天区用文本进行讨论、评论及回应等，通常教师会在讲授的同时观察、关注和及时回应学生间的交互，提供回应。在学生与内容交互方面，主要包括学生利用学习内容引发的自我对话过程、内部的认知和反思。在线同步学习过程中，学生可以通过观看学习资源、对文字材料中的关键内容进行标注等方式实现与内容的交互。在学生与界面交互方面，学生可以点击发言、连麦等功能申请与教师进行语音交互。学生与界面的交互是在线同步视频学习中其他交互的基础。

（2）增强现场感

在线同步视频学习实现了教师与学生、学生与学生在线的连通。学生在腾讯会议、钉钉等平台学习时可以主动打开摄像头，保证可以在线看到教师和其他同学，增强在线学习的现场感。对于自觉性较差的学生而言，在同学和教师的监督和陪伴下更容易集中注意力。已有研究表明相较于录播教学，在线同步视频学习过程中，学生有着更深刻的学习体验。

当前，在线同步视频学习存在视频卡顿、延迟、掉线、清晰度低等问题，无线网络通信技术和光纤网络通信技术飞速发展为问题的解决提供了可能。5G网络具有超低延迟、超高速率、超广连接、超强连接等技术优势。正在研发的6G网络将会在网络容量和传输速率方面有更大的突破，网络延迟降到微秒级，实现地面无线通信与卫星通信的无缝高速连接。Wi-Fi联盟2019年9月启动了Wi-Fi6认证计划，Wi-Fi6具有速度快、低延迟、抗干扰、续航强的优点。智能全光网能够节省能耗和空间，提升配置效率，最大限度降低时延。在5G网络、6G网络、Wi-Fi6与智能全光网的融合发展下，未来在线同步视频学习将会呈现高速、实时互动、高保真、全媒体融合的发展态势。

在线同步视频学习是一种兼顾同时"在场"、在线"面对面"的新型在线学习方式。其中5G+8K超高清大规模互动直播学习、5G+8K超高清"三个课堂"直播学习、5G+全息互动直播学习三种在线同步视频学习方式提高了学生在线学习的在场感、参与感和满意度。学生可以通过提高交互性、增强现场感来提高在线同步视频学习的效果。未来，在线同步视频学习将在5G网络、Wi-Fi6等技术的融合发展下成为一种更为普遍、高频的社会学习行为。

三、人机协同学习

智能在线教育开展过程中，各种各样的智能系统和信息化平台成为智能在线教育的技术手段和工具，学生学习离不开这些智能系统和信息化平台，从而产生了人机协同学习这样的新方式。

开展在线教育，进行在线学习，学生需要基于各种智能系统和学习平台，利用学习资源进行学习。基于智能系统和学习平台，学生可以与学习伙伴开展协作学习或探究性学习。基于学科知识图谱和学习资源开发的各种智能系统，也会成为学生的学习伙伴或学习助手。

人工智能技术的快速发展和深入应用，越来越多的人工智能工具被应用于教育领域，成为学生学习的得力助手。教育机器人就是一种被广泛应用于教育领域的人工智能型助手。它是面向教育领域专门研发的以培养学生分析能力、创造能力和实践能力为目标的机器人，具有教学适用性、开放性、可扩展性和友好的人机交互等特点。远程呈现机器人是由人类操作员远程控制的机器人，将操作员的存在具体化为机器人化身，可以支持学生的远程在线学习。

以天猫精灵等智能家庭设备为例，合理地使用教育机器人可以帮助学生更好地学习。

1. 辅助学习

在线课堂学习时，学生可以屏蔽产品除在线学习外其他方面的功能。在线课外学习时，学生可以合理使用辅助功能，例如使用天猫精灵CC10的外置摄像头（精灵智慧眼）读绘本。

2. 培养习惯

在学习习惯方面，学生可以发挥各种智能学习设备的提醒、打卡等功能，监督自身良好习惯的养成。例如天猫精灵E1的专注学习模式、钉钉打卡提醒、家长远程管控等，都可以用来培养专注、规律的学习习惯。在生活习惯方面，学生可以使用各种智能学习设备来监测自己的坐姿，并进行调整，还可以对设备的使用频次、使用时间段进行控制。

3. 提高兴趣

在教育机器人智能化、游戏化的特征下，学生的学习兴趣得到提升。教育机器人所包含的教育应用存在一些游戏元素，使用的过程中学生的学习兴趣得到激发。如英语鱼缸通过加入游戏元素，激发孩子对诸如背英语单词等的学习兴趣。

基于现代信息技术的人机协同的学习方式，已经成为在线教育的重要学习方式。人机协同学习与教育机器人已经成为学生在线学习的得力助手。随着人工智能技术的发展，人机协同的在线学习将助力学生学习，从而提高学生学习效率，最终提升教育质量。

四、在线主动学习

主动学习是一种使学生积极地或体验式地参与学习过程的学习方

法，也可以是一种帮助学生更多地投入学习过程中的教学方法，要求学生进行有意义的 学习活动，并思考自己在做什么。在线主动学习则是基于在线教育的学生积极主动参与学习的学习方法。

与传统教育不同，智能在线教育作为未来教育的重要发展形势，因其师生时空分离等特征，对学生的学习能力提出了更高的要求。因此，学生的在线主动学习是智能在线教育模式变革的趋势之一。身处海量信息中的新一代学习者，更容易迷失在信息的海洋和诸多诱惑之中，因此更需要具备自主学习能力。

具备在线主动学习能力的学生最显著特征是能够进行在线自主学习，包含自我计划、自我监控和自我评价三个基本要素。自我计划是对自己的未来进行有目的的规划。只有通过自我计划才能使行为有目标、有组织、有效率。自我监控就是管好自己，是学生为了保证学习的成功而在进行学习活动的全过程中，将自己正在进行的学习活动作为意识的对象，不断地对其进行积极、自觉的计划、监察、检查、评价、反馈、控制和调节的过程。自我评价是指能够通过学习回顾、练习题或评测工具来对自己进行评价，包括基于学习目标的自我评价、基于学生过去经历的内部评价和基于同伴学习状况的相对评价。

在线学习的开展和组织过程中，需要培养学生的自主学习能力。对此，我们提出了以下五点建议。

1. 自我计划

学习者可以借助一些时间管理工具如日历、记事本等，进行自我计划。自我计划时学习者需要确保两点：能够轻松地查看、修改和标记学习任务；时间合理、难度适中，能在计划内完成学习任务。按照计划完成学习后，学习者还可以给自己一点奖励，以激励自己持续学习。

2. 按需学习

互联网上有丰富的数字学习资源，学习变得更容易发生、更具吸引力和情境化。然而教学资源的目的和作用不仅在于使教育过程更具吸引力和趣味性，更在于鼓励学习者自主学习，发展不同的技能。学习者需要在海量学习资源中找到自己所需的学习资源，这是进行有效自主学习的前提。

3. 在线合作

长时间的在线学习容易使学生产生孤独感，进而影响学习的效果。与人沟通和交流有助于学生缓解孤独，与他人合作或比赛有助于促进主动学习。学习者可以利用钉钉、微信、QQ等社交工具建立学习社区，促进在线交流和团队合作。团队合作最常见的形式是小组合作学习。只有当学习小组中的所有学生都达到了各自的目标，学习小组的目标才能达成。

4. 自我评价

有效的自主学习需要学习者定期进行自我评价，即意味着学生要进行自我导向与控制、自我审视与诊断、自我促进与激励。居家学习过程中，教师或家长要引导学生对自己的作业进行自我判断，对学习过程进行自我分析，对日常行为进行自我审视，及时记录和反思自己的进步和变化。当前学生常用的自我评价工具包括量表、测验、概念图等。

5. 勤于反思

反思有助于提高自我意识、自我认同和个人成长。思维只有经过自我反思、自我批判，才能在主观方面获得理性的真实，在客观方面获得本质的真实。反思可以帮助学习者加深对知识的理解，增强学习的责任感。经常性地自我反思，有助于培养学习者的自主学习能力。

在线主动学习是影响学生在线学习效果的重要因素，较强的在线主动学习能力有利于学生开展在线学习。在线主动学习能力包含自我计划、自我监控和自我评价三部分。学生可以通过自己计划、按需学习、在线合作、自我评价、勤于反思提升自己的在线自主学习能力。

五、在线持续学习

如今，智能在线教育备受瞩目，在线持续学习成为智能在线教育模式变革的重要趋势。培养学习者的在线持续学习能力可以提升学习者在线学习的质量，这是智能在线教育成功的关键因素。

尽管在线教育发展迅速，在线学习用户数量也在逐年增长，但在繁荣发展的局面下也暴露出了严峻的现实问题，即学习者的高参与率、低完成率以及辍学率极高的问题。这些现实问题不仅会影响在线课程未来的发展模式和应用实践，甚至会阻碍在线教育的可持续发展。在线持续学习的能力不仅可助学习者达成目标，更是其成功的关键因素。

在线学习者持续学习意愿是指学习者参与某次在线学习后，继续参与该次在线学习直至完成以及参与下次在线学习的意愿与意图。为确保在线学习的质量和可持续性，需要培养学习者的在线持续学习能力。对此，有以下四点建议。

1. 明确需求

鉴于期望确认对在线学习者持续学习意愿的间接影响作用，从在线学习者需求本位出发，满足学习者普遍期望原则是必要的。因此，学习者在使用在线学习平台学习时，必须明确个人的需求，包括功能、资源、质量、学习方式、学习评价等内容，从而依据实际所需选择合适的在线学习工具。这样学习者对在线学习的感知会更好，学习体验也会更佳，期望确认程度也会更高，在线持续学习意愿也会更高。

2. 端正态度

在线学习者的态度是影响其持续学习意愿的直接因素，从态度这一因素出发，讨论如何让在线学习者保持并维持积极、正向的态度才是让其产生持续学习意愿的关键。学习者在线学习的过程中遇到困难时，可以通过线下与父母沟通、线上与伙伴讨论、教师提问等方式实现情感交流，以保持积极的学业情绪、形成正向学习态度。

3. 增强归属感

社会性交互是有效减弱在线学习社区中社会隔离、稳定学习者情绪和心情并维持其积极态度的重要手段。因此，通过在线学习社区开展多人讨论、互助协作的社会性交互学习方式，可以降低学习者在线学习的孤独感，增强其在线学习的归属感。在此基础上，学习者可以保持积极参与的态度，从而促进学习者的主动学习，提升学习者在线学习的持续性，增强其持续学习的意愿。

4. 激发求知欲

好奇心对在线学习者持续学习意愿具有间接影响。正如好奇心是学习的动力，好奇心也是在线学习者的学习动力。在强大的求知欲的支撑下，学习者能够保持积极、正向的态度，进而产生持续学习的意愿，增强学习黏性。因此，学习者可以尝试挑战具有一定难度的、新颖的学习内容，利用自身对未知事物求知的兴奋感促进持续学习意愿的产生与持续学习行为的发生。

在线持续学习能力不仅能助学生完成学习任务，更是衡量在线教育成功与否的关键要素。学生可以通过明确个人需求、端正自身态度、增强在线学习归属感、激发求知欲的方式增强在线持续学习的意愿，以达到更好的学习效果。

第三节

在线学习产品的转型

"双减"政策颁布后,各类在线学习产品亟须谋求转型发展。以往在线学习产品以学科教育为主,"双减"政策下在线教育必须作出改变。业内人士都清楚,在线教育有更多的康庄大道等待着被开拓。其中,素质教育、职业教育是在线学习产品转型的重要领域。

1. 素质教育

以非学科为主的素质教育是教育培训机构可以快速基于原有能力去尝试进入的方向,尤其在受政策鼓励的体育教育、美育、STEM等领域。当前,素质教育已产生了三种含有在线化元素的产品形态。一种是实时音视频直播课。在追求商业效益和个性关怀的平衡中,这类课程的1对1、小班课成为大部分在线素质教育的主流选择,其中,美术、乐器陪练、声乐等课程对于音视频的低延时传输有较高的要求。还有一种是AI课程。AI课是由以录播和动画为主的内容叠加一部分算法支持的交互功能构成,受研发成本、投放规定、营收压力的影响,AI课较难成为新环境下素质教育企业产品形态的首选。最后一种是智能硬件。智能硬件已经深度融合到素质教育服务交付的教学、练习、测评、管理等各个环节里,尤其在音乐、体育教育中,智能乐器、智能腕表、智能运动镜等设备的引入提升了教学的科学化和课程的专业化。

素质教育政策支持的重点方向包括艺术美育、少儿编程、少儿体育。少儿艺术教育一直是素质教育的核心板块，涌现出了VIP陪练、小叶子智能陪练等知名在线学习产品。近几年国家政策致力于推动更普惠的艺术教育落地，2019年的教育改革意见要求严格落实音乐、美术、书法等课程，结合地方文化设立艺术特色课程。2020年印发的《关于全面加强和改进新时代学校美育工作的意见》，把2022年视为美育教育全覆盖、全面实行美育中考的关键之年。在音视频互动技术、AI音准识别技术等新技术赋能下，艺术美育在线学习产品将进一步被优化。

少儿编程主要的课程由软件编程和硬件编程组成，目前已诞生了编程猫、核桃编程、小码王等具有影响力的品牌。由于信息技术（IT）行业就业前景持续走高、政府政策的推动建设、头部企业不断培养市场认知等因素，培养解决问题能力的少儿编程成为素质教育行业最吸引人关注的方向。少儿编程围绕不同阶段用户的需求，开发了基于Scratch、Python、C++等语言的课程，以互动AI课/录播课等形式授课。

受限于体育项目言传身教、实操体验的特性，儿童体育教育在线产品的开发存在难度，但是以围棋为主的棋类在线产品独树一帜。有道纵横、爱棋道等核心产品主要是偏向将实战教学的直播小班课和偏向理论教学的大班课相结合，配合AI测评复盘等功能，完成线上的教学闭环。

2019年，作业帮教育科技有限公司开始探索素质教育。2020年初，该公司正式成立素质教育团队。经过近一年打磨，作业帮推出了小鹿编程、小鹿美术、小鹿写字、小鹿口才、小鹿学习力五款产品，围绕科学、艺术、语言能力及逻辑思维等方向布局。小鹿编程着力培养孩子的抽象思维和分析问题能力；小鹿美术潜移默化地让学生在理解美术知识的同时，收获更多的能力与素养；小鹿写字不仅能使孩子更自信，同时能磨炼孩子的意志；小鹿口才侧重培养孩子的语言思维和观点表达；小鹿学习力则针对孩子上课时注意力不集中、学习习惯不好、学习动力不足等常见问题，教给孩子正确的学习方法，助其建立充足的学习信心。

这五款产品针对不同年龄阶段孩子的性格特点、身心发育、认知水平，融合STEAM及科学的教学理念，进行分场景、个性化引导，目的是培养出高理性思维能力、高自我管理能力和高解决问题能力的合格人才。

2. 职业教育

2021年10月，中共中央办公厅、国务院办公厅印发的《关于推动现代职业教育高质量发展的意见》提出，鼓励上市公司、行业龙头企业举办职业教育，鼓励各类企业依法参与举办职业教育。政策明确鼓励探索职业教育，其中包括中职学校与高职学校的举办以及产业共建、校外的成人职业教育。市场化的职业教育呈现明显的OMO（即线上线下深度融合）趋势，线上直播、录播技术将进一步提高职业教育的在线化程度。

在国家人才强国的强大战略背景下，社会需求对人才的要求越来越高，成人教育市场需求也显而易见。在我国经济结构调整的大环境下，普通本科教育更倾向于学术能力和综合能力的提升，而体制内的职业教育还不能完全覆盖产业升级下的全部人才要求，这使得大部分年轻人在进入劳动力市场之前需要在资质和技能上进行额外的准备，市场化的职业培训应运而生。

目前，大部分职业技能培训围绕信息技术和金融财会的技能培训品类，以知识型大班课和项目制小班课的形式为主、传统的在线化方案通过直播课和录播课结合的形式进行线上交付。

在新职业和新技能不断出现的时代背景下，诸如电商直播、MCN培训、区块链应用培训等新职业教育需求层出不穷。在线教育轻交付、快迭代的形式有利于培训机构快速组织供给、打磨产品，在新兴领域迅速占领市场。

在"双减"政策背景下，学科教育等在线学习产品为谋求发展而转型其他领域，其中素质教育、职业教育最为热门。素质教育以艺术美育、少儿编程、少儿体育等领域的在线学习产品为主，职业教育以技能培训领域的在线学习产品为主。两种方向的转型都离不开新兴技术的支持与优质教育内容的供给。

第四节

在线学习环境的优化

一、基于元宇宙的在线学习环境

当代学习环境具有智慧、非正式、互动和创新等特征。智慧学习环境具备感知环境、记录过程、识别情景和连接社群等显著特征。新兴技术聚合赋能正引领智能学习环境由线下到线上，再到线下与线上深度融合的方向发展，元宇宙为探索智能在线学习环境提供了全新的视角。

清华大学新媒体研究中心发布的《2020—2021年元宇宙发展研究报告》中所说，元宇宙是基于扩展现实技术提供沉浸式体验，基于数字孪生技术生成现实世界的镜像，基于区块链技术搭建经济体系。元宇宙代表了视觉沉浸技术的最新阶段，其本质是一个平行于现实世界的在线数字空间，其核心是由虚拟现实技术所构建的虚拟空间。

基于元宇宙的智能在线学习环境可以从技术架构、系统结构、组成要素三个方面尝试构建（图6-2）。

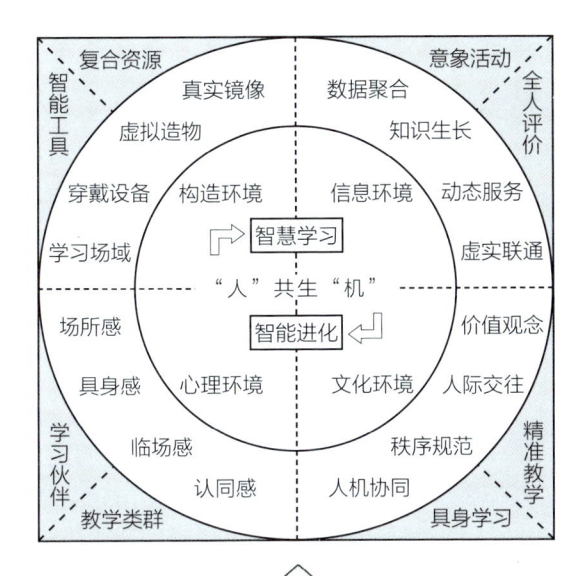

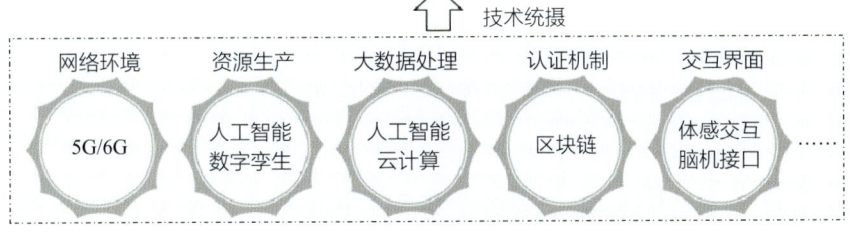

图6-2 元宇宙智能在线学习环境构造模型

1. 技术统摄是元宇宙智能在线学习环境的构建基石

元宇宙顺应了第六次科技革命颠覆性、智能化、绿色化和国际化的发展理念，将"单技术—复合技术—富技术"的技术发展轨迹继续向前推进，通过统摄各种技术表现出拟人性的新智能。

5G/6G网络环境、资源生产、大数据处理、认证机制、交互界面是元宇宙主要依托的底层技术。第一，元宇宙将借助5G/6G打造新一代通信网络，彻底突破智能技术融合赋能的通信屏障。基于元宇宙沉浸多感网络，将可实现沉浸式云扩展现实、全息通信、感官互联、智慧交互等事件的实时控制。第二，元宇宙将借助人工智能技术，形成资源生态发展场域，实现资源生产。持续智能产生海量的挖掘内容，可实现元宇宙资源的动态生长；按需智能生成个性化学习资源，可实现元宇宙资源的智适应动态推送；资源智能审查全覆盖，可实现元宇宙资源的安全与合法。第三，元宇宙将深入推进计算系统的智能化。通过云层的数据云、资源云和服务云，可实现元宇宙中数据上通下达的无缝转化衔接，生成元宇宙在线教育新的逻辑框架、体系结构与服务模式，实现可配置伸缩、多元资源融合共享和动态精准服务等。第四，区块链具有去中心化、可追溯、不可篡改和去信任化等显著特征，将推动元宇宙世界生产关系的变革，从信息网络转向价值网络，形成同智能在线学习环境相匹配的认证生态系统。第五，元宇宙将超越图形界面交互阶段，真正转向基于现实的人机交互新阶段。从人机协同的体感交互视角，元宇宙在线学习交互将融合动作、触觉、眼动、手势和肌电等多通道方式，实现具身自然交互。从人机共生的脑机交互视角，元宇宙将通过脑机接口建立与人脑的直接关联，实现脑神经信号与外在表征建模的动态转化，塑造理想化的意念学习体验。

2. 系统结构是元宇宙智能在线学习环境的空间塑造

人类生存空间已经扩展到了由物理空间、社会空间、信息空间构成的三维空间，虚拟空间正在增强现实，甚至创造"现实"使其成为人的第二生存空间。元宇宙代表了空间连续的理想形态，颠覆了人们对于传统环境结构的认知。

元宇宙智能在线学习环境的系统结构包括构造环境、信息环境、心理环境以及文化环境。构造环境，即师生所处的感知共生场域。信息环境，即动态数据流通与资源服务环境。心理环境，即师生动态性与持续性的主观整体感受。文化环境，即师生共同的外在行为遵循与内在价值认同。

3. 组成要素是元宇宙智能在线学习环境的核心表征

元宇宙智能在线学习环境将重新塑造、深度聚合原有要素，聚焦学习者中心、知识中心、评价中心和共同体中心等多种视点，从而形成自身独特的构成要素群。

主要包括八个部分：第一，复合资源。资源结构具有场域特征；资源表现具有多模态性；资源生成具有动态性；资源体验具有多视角性，包括第一人称视角的亲身经历和第三人称视角的观察学习等。第二，智能工具。其通过可穿戴设备可产生真实触感，能够智能化满足学习需求实现"人体的延伸"。第三，意象活动。其包括创意活动情境、编辑活动过程、反馈活动成效。第四，全人评价。其包括个体的成长性评价以及群体的发展性评价。第五，精准教学。其基于环境智能对学习者个体的适应性反馈，可以帮助教师不断优化改进教学设计、教学辅导和教学决策，实现精准化的教学供给等。第六，具身学习。其包括多感知交互、多通道交互以及"亲历性"交互。第七，学习伙伴。其元宇宙中的"人际"关系将超越现实束缚，形成更为紧密的伙伴关系，包括虚拟伙伴、化身伙伴以及全息伙伴。第八，教学类群。教师也可塑造与学习者相同的存在类型，包括虚拟教师、化身教师以及全息教师。

二、居家在线学习环境

相较于面对面的学校教育，居家的在线教育环境略显复杂，学习者所处的物理位置基本处于各自的家庭之中，学习空间由原来的群体物理课堂转变为单体的虚拟在线课堂。许多家庭普遍缺乏办公学习的氛围，尚未形成居家办公、居家学习的习惯。据调查，大家的家庭办公学习环境规划设计意识普遍比较薄弱，只重视硬件设置，对软件条件、学习资源、学习氛围等关注不够。因此，改善在线学习的线下环境尤为重要，其中物理环境及心理环境是影响在线学习成效的关键。具体须改善以下两个方面。

首先，应设计安静适宜的线下物理学习空间。居家式学习空间是在线教育环境的组成部分之一。第一，要重视光源设计。居家学习需要营造明亮护眼的光环境，还要考虑光环境对人心理情绪的抚慰作用，比如暖色的光源可以给人温暖、亲切的体验。第二，巧用视错觉效果。相对正式课堂而言，居家式狭窄空间易使学生产生孤独感。因此可以通过视错觉设计，引导人们进入更宽敞、更安全的空间中，达到舒缓心情的作用。第三，要重视空间流动。根据具身认知，应解放身体被禁锢的感觉，小学阶段孩子的天性本是爱玩多动。要通过打造空间的"有界无限"感，促使师生进行更多开放交互活动，让思维通过身体与环境的互动而流动起来。

其次，要建设良好的心理环境引发积极情感体验。在线教学中，家长的参与和陪伴可以减少学生居家学习的孤独感和无助感。家长作为学生居家学习的"在场者"，应该在家庭教育中发挥陪伴、示范和鼓励的作用，帮助孩子养成良好习惯，鼓励孩子"德智体美劳"全面发展。营造沉浸式交互环境可以使教师和学生的情感联结更为紧密。对于线上教学而言，由于交互存在异步性，师生之间较难形成面对面形式的深度性和针对性。应努力创设出沉浸式交互环境，缩小虚拟环境下的师生间心理距离，营造出和谐有趣的氛围，激发学生主动学习的内倾动机，引发较深层次的互动，使师生共同建设创生性课堂。

5

第五节

适切在线资源的开发

在线学习资源是伴随着信息技术的迅速发展而诞生的新型学习资源，它具有多样性、共享性、时效性、再生性等特点，是在线教学的重要构成部分。

当前，在线学习资源存在数量少、类型单一、个性不足等问题。进入新时代，我国教育发展面临的主要矛盾已经发生重要变化，人民日益增长的更高水平、更高质量和更加多样的教育需求与不平衡不充分的教育发展之间的矛盾已经成为我国教育面临的主要矛盾。在线教育同样如此，越来越多的学生对更高水平、更高质量和更加多样化的在线学习需求日趋强烈，这就给我国在线学习资源供给带来巨大的挑战。目前在线学习资源供给有限，尤其是高质量、个性化的在线教育资源太少，难以满足不同阶层家长学生的个性化需求。

因此，在线学习资源需要适切。学习资源需要与教学目标和内容密切关联，需要与学习者的身心特征相匹配，才能够促进有效学习的发生。在学习资源的选择和使用方面，一定要考虑不同地区、不同学段的学生对学习资源的需求差异，特别是一些特殊群体的需求。

适切的在线学习资源是在线教育有效开展的前提和基础。在线学习资源的适切性要考虑如下五个方面：内容的适切，即学习资源一定是与学习目标和内容高度相关且学生感兴趣的资源，或是学生解决问题所必需的资源；难度的适切，即内容难度适中且规模适度，不会让学生产生"过载"的认知负荷；结构的适切，即学习内容结构简明，组织合理，不会导致学生思维的"混乱"；媒体的适切，媒体的呈现形式是学生容易接受的，以防产生视觉疲劳，特别是要考虑低龄段的学生的实际；资源组织的适切，即对所选择的不同类型的学习资源（如视频、动画、文本、电子教材、虚拟实验等）进行有效的组织，确保导航布局清晰、深度适中，学生不会迷失路径。

面对丰富的在线学习资源，学生可以采取虚实融合的沉浸式学习方式。学生可以以第一人称方式，通过"沉浸"的形式进行体验学习。这种学习方式以可穿戴虚拟现实设备为基础，学习者的感官沉浸程度与穿戴设备的丰富和契合程度有关。学生可以以第二人称方式，通过"再造生命"的形式进行体验学习。这种学习方式以计算能力的飞跃发展为基础，以脑机接口技术为依托，以神经传输的可连接、可计算和可解释的实现为标志。学习者完全"生存"其中，虚实融合场景具有理解智能，能够根据学习者思想的变化而动态建模，真正实现"所思即所得"。学生可以以第三人称方式，通过"漫游"的形式进行体验学习。这种学习方式以电脑、平板或智能手机等显示设备为终端，这些设备既可以是平面的显示形式，也可以是加入增强现实或增强虚拟设备后的立体显示形式。

第六节

线上线下教学的融合

OMO，Online Merging Offline的缩写，即线上线下深度融合，线上线下的边界消失。OMO模式就是将线上的便利、选择对象广泛等优势与线下的服务和体验等优势进行结合而形成的"1+1≥2"的商业模式。一大批企业把目光从O2O（online to offline）模式转向OMO模式，致力于发展全通路经营的商业模式，使线下获得线上的便利和选择，线上获得线下的体验与服务。

OMO是在线教学模式变革的重要趋势。线下教学一般在面对面教学环境中开展。真实情境下的体验与交互，特别是价值和文化之间的交流，契合了人的社会参与和情感交流的需求，使线下教学易于开展多元化的活动，也易于管理与提供服务。而线上教学具备线下教学所欠缺的快速、及时、不受时空限制和可重复性等优点。线上和线下教学具备各自的独特优势，如果只关注某一方的优势或单个优点，显然无法适应未来技术发展和社会对人才培养的需要，而线上线下优势互补能更有效地推动教学活动进程。

OMO教学模式以学生为中心，通过技术手段打通线上和线下、虚拟和现实学习场景中各种结构、层次、类型的数据，形成线上线下融合的场景生态，实现个性化教学与服务的教学新样态。

相较于传统的线上和线下教育，线上线下融合式教学具备几个关键特征：一是需要融入诸如多媒体资源、数据及时分析诊断等体现信息化独特优势的要素。这几个要素在教学中需要体现任意一项或者几项才能算是真正意义的融合式教学。二是评价贯穿始终且伴随诊断改进是线上线下融合式教学的典型特征。借助信息化统计分析便捷迅速的功能，教师能迅速把握学生学习结果，分析每个学生存在的不同问题，既有助于提高教学效益，又能更好地因材施教。但由于目前线上很多评价任务基本还是以知识技能为主的题目，所以线上线下融合式教学要避免更大量的题海战术，评价任务自身质量要高，而且要少而精。三是不同教师的协同合作是线上线下融合式教学的重大突破点。线上线下融合式教学，可能会打破传统行政班级一个教师承担一门学科所有教学任务的可能。例如，线上教师并非班级任课教师，线上教师以知识技能的讲授为主，线下教师可能是班级任课教师，主要开展个别化辅导，负责答疑解惑，或者组织实践创新活动等，与线上教师形成互补。四是提高教学效益，实现学生五育并举、更好地实现因材施教是线上线下融合式教学的价值追求。评价结果及时的统计分析是线上教学独特的优势，有助于提高教学效益，更好地实现因材施教。当然，线上资源可以反复回看，可满足不同学习速度和学习风格的学生，也有助于更好地实现因材施教。

技术不仅促进了线上和线下、同步与异步、真实与虚拟的联通融合，还在广度和深度上推动了OMO教学模式深化发展。随着5G通信技术、大数据、云计算、人工智能等前沿技术的突破及应用，精准、个性、随性的学习模式将逐步被建立。技术将支持OMO教学模式的发展，实现OMO教学模式的线上线下全场景融通（图6-3）。

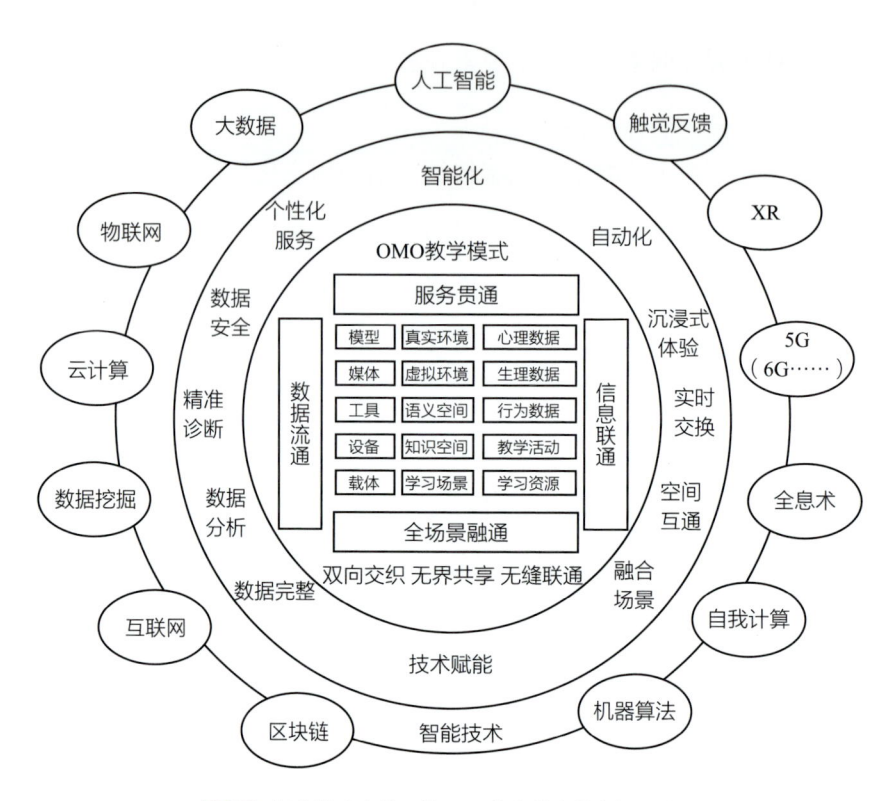

图6-3 智能技术支持下的OMO教学模式的全场景融通

1. 技术赋能数据流通

数据流通指学习过程中产生的需要处理以获得信息的线上线下大数据的相互对接与挖掘管理。数据挖掘工具和机器学习算法技术通过挖掘生理、心理、行为数据，收集脑电、眼动、学习时间与时长等数据证据并借助数据分析工具进行分析和诊断，在此基础上提供精准、个性的教学决策服务。区块链技术分布式储存主体行为、活动过程和学习资源等数据，提高全场景数据的完整性和隐私数据的安全性。自我计算技术和人工智能技术促进教学环境的自优化和智能化。

2. 技术赋能信息联通

信息联通是指信息在线上与线下场景、现实与虚拟环境之间的传递和共享。5G移动通信技术可消除时空之间的信息延迟，实现实时信息交换；XR扩展现实技术可为学生创设沉浸式的学习体验；全息术可将对象成像为三维图像；触觉反馈技术可模拟人的真实触觉体验，在教学情境中可增强用户体验的真实感。多种技术融合在一起形成统一的、标准的、可视化的智能信息生态，推动信息的物质性与关系性融合，实现虚拟世界与物理世界之间信息语义空间和信息知识空间的融合。

3. 技术赋能服务贯通

服务贯通指为了实现面向教师、面向学生和面向教学活动的数据流通和信息联通，进行系列活动时所操作和应用的技术、工具、资源、评估和管理等的可获得性与互匹配性。知识建模、学习建模、活动建模等智能手段进一步促进知识流通与信息通信，即技术以实现精准化、个性化的服务贯通驱动OMO教学模式中信息和数据的准确性、速度和保真度，使OMO教学模式适应动态变化的人和环境。

4. 技术赋能全场景融通

全场景融合指一切与教育和学习有关的场景及其要素的结合、汇聚与相互渗透，不仅包括实体空间与虚拟空间、线上空间与线下空间的互融联通，还包括教学主体、教学方式、组织结构等要素的融合。此外，技术集成进一步拓展了OMO教学模式场景中的系统结构、协同策略、进化机制及性能评价等"软组织",进一步推动各场景间的数据流通、信息联通、服务贯通,并通过数据、信息和服务的无缝联通构成OMO教学模式的全场景闭环生态。

OMO教学模式采用技术形成线上线下融合的教学,具有技术支持、诊断改进、协同合作、高效教学的特征。技术支持OMO教学模式的线上线下全场景融通,以数据流通驱动学习分析和教育管理,以信息联通联动知识网络与语义网络,以服务贯通支持学习活动全过程,实现双向交织、无界共享、无缝联通。未来,线上线下融合式教学将是智能在线教育的重要发展趋势。

第七节

在线教育市场的治理

在线教育治理,是国家教育治理体系与治理能力现代化建设的重要内容,是政府、行业、社会、学校等主体,通过一定的制度安排进行互动合作,共同管理在线教育公共事务的过程。

智能时代,在线教育市场和行业急速发展,但也暴露出备案审查机制不健全、师资供给不平衡、教育收费不透明、市场监管难度大等弊端。对在线教育进行治理,规范在线教育市场的发展势在必行。2021年7月,中共中央办公厅、国务院办公厅印发了《关于进一步减轻义务教育阶段学生作业负担和校外培训负担的意见》,提出"双减"即减轻义务教育阶段学生作业负担、减轻校外培训负担,教育部党组将其作为"一号工程"。

截至目前,"双减"政策下已开展了大量治理工作:

第一,成立专门部门。2021年6月,教育部成立"校外教育培训监管司"。

第二,形成专门机制。牵头建立由中宣部、网信办、发展改革委、科技部、工业和信息化部、公安部、民政部、财政部、人社部、文旅部、卫生健康委、应急部、人民银行、市场监管总局、国家新闻出版广电总局、银保监会、证监会等19个部门组成的"双减"工作专门协调机制。

第三，完善政策体系。教育部单独或会同多个部门快速密集出台30多个配套文件，建立起"1+N"政策制度体系。2022年2月，教育部、中央编办、司法部联合印发了《关于加强教育行政执法深入推进校外培训综合治理的意见》，指出要加强校外培训监管行政执法工作。3月，国家互联网信息办公室发布了关于《未成年人网络保护条例（征求意见稿）》再次公开征求意见的通知，要求以未成年人为服务对象的在线教育网络产品和服务，应当符合未成年人的身心发展特点和认知能力。4月，教育部办公厅印发《关于印发校外培训监管行政处罚流程图和文书格式范本的通知》，规范校外培训监管行政处罚行为，提升校外培训治理水平和治理能力。

第四，积极正面引导。协调中央媒体正面引导，发布消费提示，营造良好氛围，减少家长焦虑。

第五，查处违规行为。建立巡察制度，通过明察暗访，依法查处隐形变异培训行为，开展寒暑假非学科类收费专项整治。

第六，维护群众利益。降低培训价格、监管预收费、打击恶意涨价行为、规范培训市场秩序，阻止社会焦虑传播蔓延。截至2022年3月底，已有1037家企业的2288个教育App完成备案，共计31.72万所学校（不含学前）完成使用者备案，累计受理教育App相关投诉举报1359起。

第七，推进校内提质。强化"三个提高"，即提高作业管理水平、提高课后服务水平、提高课堂教学质量，以满足学习需求。2022年3月28日，以"应用为王、服务至上、简洁高效、安全运行"为总要求的国家中小学智慧教育平台正式上线。

在这些工作的影响下,"双减"政策的实施卓有成效。培训市场资本大幅撤离,广告基本绝迹,不规范的现象得到有效遏制。截至2022年2月底,原12.4万个线下校外培训机构压减到9728个,压减率为92%;原263个线上校外培训机构压减到34个,压减率为87%;"营转非""备改审"完成率达100%;预收费监管基本实现全覆盖,监管总额超过130亿元;所有省份均已出台政府指导价标准,收费较出台之前平均下降4成;校内普遍实现课后服务"5+2"全覆盖;第三方调查显示,85%的家长对学校课后服务表示满意,72%的家长反映教育焦虑有所缓解,90%以上学生表示学业负担有所减轻。

教育部校外教育培训监管司于2022年2月25日发布了"双减"明白卡,指明了2022年在以下四个方面开展工作:

第一,严查隐形变异,巩固治理成果。健全违规培训检查常态化机制,严厉打击"线下转线上""众筹私教""一对一""以非学科名义开展学科培训"等违规行为,严管非义务教育阶段学科类培训,防止出现新的培训热。

第二,加强非学科培训监管,补齐治理弱项。强化教育与行业主管部门共治,明确设置标准,加强价格管理,维护学生健康和安全。

第三,完善工作推动机制,强化督导检查。构建校外培训执法体系,推进监管信息化,继续把"双减"作为教育督导的"一号工程"。

第四,坚持标本兼治,重构教育体系。深刻认识"双减"的根本目的是倒逼学校,加快实现优质均衡,提升课堂教学质量,改革考试评价,实现基础教育教学整体性变革,促进学生全面健康成长。

在已取得的治理成果下，为防止学科类培训的反弹、变异，巩固义务教育阶段学科类校外培训治理成果，教育部决定于2022年6月底前开展一次"回头看"工作。该工作将对面向义务教育阶段学生已经压减和转为非营利性的所有线上、线下学科类校外培训机构进行一次全面排查。

第七章

国际智能在线教育动态

第一节

印度：900所大学将提供在线学位课程

印度政府将允许900多所大学提供在线学位课程，并允许提供本科和研究生课程的大学和机构与教育科技平台合作开发课程内容，提供更灵活的在线学位供给。此前，印度政府仅允许部分指定大学及其附属学院提供远程学位，后来提交到议会的2022年预算改变了这一现象。印度发布了扩大教育和技能部门范围及提高教育质量和能力建设的公告。贾瓦哈拉尔尼赫鲁大学前副校长、高等教育监管机构大学教育资助委员会（UGC）现任主席贾加德什·库马尔（M Jagadesh Kumar）表示，从2022—2023学年开始，UGC还计划允许顶尖的自治机构提供在线课程，监管机构也计划取消大学对在线提供课程数量的限制。

1. 多样化的学习体验

库马尔表示，政府允许大学与教育科技公司合作，为学生提供多样化的学习体验，二者共同努力达成2020年国家教育政策中设想的在线教育目标。他们的目标是，到2035年，毛入学率从27%左右达到50%。具体来说，只要印度教育机构有掌握课程内容的权利，就能够与外国教育科技公司合作，使用教育科技行业开发的课程和海外大学提供的在线课程。这些举措旨在加强印度数字教育生态系统。

这些变化也承认了许多当地的教育机构并没有开发在线课程资源的能力，而教育科技公司的迅速扩张创造了这个机会。目前，印度有59所大学提供的120个本科和29个研究生学位的在线课程，以及两个研究生文凭课程。在线提供的所有课程中，只有15%为理科类课程，50%与工商管理相关，其余35%为人文学科。

2. 40%的课程可以从外部获取

根据UGC制定的相关指南草案，提供在线学位的机构可以与教育科技公司合作，并从外部获取多达40%的课程内容，而60%的内容必须在教育科技公司的协助下在内部开发，但不允许教育科技公司把这些内部开发的课程内容，宣传为他们本公司的课程内容。根据草案，高等教育机构将对内部开发的内容拥有"完全的知识产权"。

监管机构对有自治权的大学作了以下限制：只有在过去3年中，两次在印度国家大学排名框架中排名前100名的院校，或者国家评估和认证委员会（NAAC）等级至少为3.26（A+水平）的院校，才可提供2022—2023年的在线课程。NAAC负责对印度的高等教育机构进行评估和认证。虽然在线课程具有更大的灵活性，但在线学位课程的学生与传统学位课程的学生一样，至少需要75%的出勤率。

3. 充分利用最新的技术工具

在线学习公司Harappa Education的创始人兼首席执行官斯瑞亚斯·辛格（Shreyasi Singh）表示："教育科技公司拥有与数据、数字营销等相关的尖端技术，这些技术对于新时代的工作至关重要，因为很多大学还没有设立相关部门或课程。"随着世界的变化和新技术的不断涌现，大学与教育科技公司合作可能会非常有用。她还指出，在过去的两到两年半里，教育科技公司已经以非常有意义的方式与高等教育机构合作了。她说："教育科技公司将补充学生学术知识以外的专业技能。随着技术的快速发展，教育科技公司可能会比大学更深入地掌握这些学科，因为它们与专业人士和从业者合作，并将其系统化为了课程。"

4. 构建数字生态系统

提到在线教育即将发生的变化，UGC的库马尔表示，在教育部组织的关于数字大学的头脑风暴网络研讨会上，UGC计划取消对大学每个机构13门的在线学位课程的限制。"属于'有资格'类别的教育机构很快将被允许开设无限制的在线课程。这些机构可以在未经教资会事先批准的情况下开设成熟的在线课程。目前，有50多所公立和私立大学提供此类课程。"该小组成员称，教育科技热潮为印度当前的教育格局带来了"令人兴奋的"机会。"大学可以利用这些教育技术平台上的技术设施，在动画、视觉效果、游戏等方面创造高质量的内容。"库马尔说。印度理工学院（IIT）马德拉斯分校的主任马科特·威兹内森（Veezhinathan Kamakoti）提出了"数字大学生态系统"的理念，并建议制定一个监管框架。为了增加获得优质教育的机会，拉贾拉曼（Rajaraman）提出了一个数字基础设施的框架。以虚拟方式主持网络研讨会的印度总理敦促全印度技术教育委员会、教资会和教育部加快建立数字大学。

第二节

英国：元宇宙如何改变教育科技市场

AI、VR和AR已经占据了商务市场，这些技术的应用使人们不必出现于真实世界中。新冠肺炎疫情进一步限制了人们在现实生活中的行动，推动大多数企业转变面对面的工作模式，继而转向虚拟现实。然而，对于某些行业来说，这种"数字化转变"并不容易，教育部门就是其中之一。疫情期间的隔离让教学和学习变得很艰难。多亏了技术的蓬勃发展，人们可以戴着VR护目镜在3D模拟环境中生活、学习和互动，这也是元宇宙的一种表现形式。意识到教育变革的重要性后，教育机构和教育科技公司正在将教育与虚拟世界相结合，以消除学习的距离和物理障碍，使其更具沉浸感和互动性。作为元宇宙中增长最快的市场之一，教育科技市场可以将元宇宙与其现有的模型相结合，并通过3D形象进行交流。

元宇宙由AI、VR和AR三个重要部分组成。首先，VR对于有特殊需要的学习者和残疾学习者来说是福音。在VR的帮助下，有特殊需要的学习者可以前往新的环境，这可以减少他们的焦虑感。VR还可以通过强调特定知识点，帮助学生学习重要的生活技能，直到学习者收获信心。再次，通过AR，学习者可以扫描教科书获取辅导类知识，从而更好地理解知识点。学校可以设计突出学校活动的有趣杂志，患听说障碍的学生可以操纵AR技术驱动的卡片。最后，AI不仅可以增强学习体验，还可以减轻教师的负担。在AI的帮助下，学生可以访问特定研究主题的相关信息。AI还可以对学习者进行测评/评估，无须老师帮助。元宇宙与AI和机器学习结合，使学生在任何时间提出的问题都能得到反馈，它可以理解、查询并同时为多个问题提供答案。

尽管元宇宙仍处于发展的初级阶段，教育科技公司期待通过创建不同的虚拟世界来改善学习体验，帮助学习者更好地了解特定主题知识。展望未来，元宇宙暗示了允许学习者创建自己世界的可能性，他们可以在其中与其他学习者分享他们的经验。元宇宙并没有摒弃老师教学的观念，事实上，它相信教师是教学和教育的核心支持者。因此，教育中的元宇宙涵盖了广泛的学习场所，包括虚拟世界和真实的教室。

第三节

韩国：职业学校将加快推进元宇宙与教育的融合

2021年12月1日，为了应对未来教育带来的变化，韩国多所职业学校正在启动名为"元宇宙"（Metaverse）的引擎，44所职业学校与当地政府携手合作建立了元宇宙图书馆，并且正在与一家在全球拥有超过2亿用户的元宇宙服务公司进行产学合作。

该领域的专家评论说，这些两年制大学发起的运动是极具意义的，但与此同时，他警告说，要想在几年内取得卓有成效的成就，还需要设计一款适合元宇宙的复杂教学策略。

在过去三年中，韩国加入元宇宙联盟以专注于虚拟世界研究和沉浸式内容制作的职业学校数量，从41所增加到44所。韩国高等职业教育协会会长朴俊熙（Park Joo-hee）表示，江陵永东大学（Gangneung Yeongdong University）、仁川人才大学（JEI University）、朝鲜看护大学（ChosunNursing College）也已加入了由41所大学组成的联盟。

"如果不引入元宇宙，职业院校的竞争力就会下降，所以许多学校将不得不选择加入元宇宙联盟。"他补充说，"即使不加入该联盟，所有学校也都计划引入元宇宙。"这意味着从专业学院的角度来看，元宇宙已成为一种必需品，而不是一种选择。

在2021年11月举行的"2021年第二次职业学校创新支持项目"研

讨会上，西伊大学文科教育中心负责人尹泰福（Yoon Tae-bok）也表示："受疫情影响，当前我们不得不考虑远程教育的重要性，因此高校被不断要求进行教育创新。元宇宙是一个重要的关键词，可以给教育领域带来根本性的改变。"

第四节

欧盟：混合式学习促进全纳教育的价值

2022年3月8日，欧盟成员国教育部门和利益相关者代表讨论了混合式学习在促进全纳教育方面的价值，同时也探讨了教师在此方面扮演的角色。正如2021年欧盟理事会关于该主题建议所定义的那样，混合式学习以各种学习环境和（非）数字工具的混合为特征，欧盟理事会关于混合式学习的建议也吸取了新冠肺炎疫情中的经验。

1. 全纳的混合式学习

基于学术界、政策制定者和利益相关者提供的意见，工作组随后讨论了以下关键点。

（1）混合式学习如何帮助促进全纳教育，并解决远程教学中可能产生的包容性问题。

（2）教师有效和独立地应用混合式学习所需的技能。

（3）落实教师各自的角色、政策举措、资助机会和教师培训支持，以加强对混合式学习和远程学习的包容性。

（4）如何确保学校具有以创新方式应用混合式学习技术所需的独立性。

（5）混合式学习的成功应用是否使教师职业对（潜在）教师更具

吸引力。

2. 教师的初始教育和继续教育

研讨会的参与者还讨论了混合式学习如何在教师的初始教育和继续教师中发挥作用。

（1）强调为教师的继续教育和相关专业发展提供激励措施的重要性，以鼓励教师抓住一切机遇。

（2）鉴于目前学校转向远程和混合式学习，教师的继续教育变得更加重要。

（3）为教师提供的各种学习机会，例如同伴支持、行动研究、课程研究（教师主导的一小群同伴研究）、大规模开放在线课程和专业培训，来支持学校向混合式学习的转变。

3. 支持混合式学习的数字工具

奥地利教育部的代表介绍了他们创建的远程学习服务门户网站，最初是作为教师在新冠肺炎疫情期间促进远程学习的临时服务，现在已成为学校发展的支持平台。他们还展示了一个大规模开放的在线课程，该课程现在可作为教师自定进度的学习课程来使用。来自塞浦路斯的代表提到了欧盟层面提供的有用工具，例如SELFIE教学创新助手工具包，这是一个帮助学校制订数字行动计划来加强其数字能力的综合软件包。他们还强调了数字支持的学习环境网站是塞浦路斯教育系统中推广和嵌入混合学习的一个成功案例。

4. 下一步计划

工作组计划开展一项关于混合式学习促进全纳教育的同伴学习活动。从现在到2024年，将定期举行会议，例如关于教师能力评估的会议。这些交流将推进"通往学校成功之路"倡议的实施,并将有助于为制定现有和未来混合式学习和教育培训的包容性政策措施提供信息。

第五节

美国：麻省理工学院教授提出后疫情时代新形态大学的设计理念

美国学校主要有以下几种类型：研究型大学、文理学院、社区学院、技术学院。尽管互联网和知识经济兴起，但美国高校类型这几十年来并没太大变化。来自麻省理工学院的五位教授发布了名为"设计经济型教育机构的想法"的白皮书，基于近年来的趋势，为未来高校的发展制定了新框架。白皮书中提到了几个关键想法：在学生完成课程时为他们提供各个领域的证书，随后，在他们获得足够证书已满足学士学位的要求后授予学位。这种想法被称为可堆叠证书；建立一种包含线上教材、雇主合作、面对面教学等因素的新模型；完善教师的激励机制，保障其教学能力的实质性转变。

教授们表示，他们希望自己的工作能够成为讨论的起点，而不是一个僵化的模板。白皮书为这种新型大学（New Educational Institution，NEI）提出了一系列具体建议。NEI模式的独特之处在于其鼓励教授使用其他高校开发的在线课程材料。例如，在新型大学授课的教授会选择麻省理工学院教授的一些讲座视频作为家庭作业，随后当地教授组织对这些材料的讨论，并在课堂上提出他们自己的见解。

白皮书中还提出了其他一些关键建议。

（1）高校将重点从研究转向教学：拟议的NEI建议教授将80%的时间安排在教学上，20%的时间放在研究上。研究毕竟仍然是高校发展的一个关键部分（区别于大多数只关注教学的社区大学）。

（2）使实体校园精益化：拟议的NEI专注于教学方法、学生群体和学习成果。在某些情况下，意味着高校将与图书馆或其他机构合作授课。

（3）将学士学位变成一系列微证书：数以百万的学生完成了部分学业但未完成学位。NEI提议需要确保即使一些学生只完成了部分学习内容，他们也能拿出一些东西来展示其学习成果。

（4）鼓励团队授课：NEI提案将文科融入课程体系中，建议创建来自不同学科的教师团队。

（5）雇主为学生提供实习机会，让其获取学分：NEI呼吁采用"合作社"模式，高校和雇主共同努力，为学生创造适合课程的实习机会。

第六节

东南亚国家联盟（ASEAN）：为儿童建造一个安全的未来数字世界

东南亚国家联盟（ASEAN）起草了两份文件：《宣言》（the Declaration）和《区域行动计划》（the Regional Plan of Action）。这两份文件旨在制定有意义和协调一致的行动，打击东盟及其他地区在线性剥削和虐待儿童的所有行为。然而，在线性剥削和虐待儿童的问题仍未被有效处理，这是一个全球性问题。东盟等组织的工作是至关重要的，这些组织可以确保与这一威胁的斗争能够真正实现无国界化。通过《宣言》和《区域行动计划》，东盟打算确保其所有成员国采取协调一致的方法来结束所有形式的在线剥削和虐待儿童的行为。在《宣言》中，东盟成员国承诺通过优先采取七项措施来进一步保护儿童免受一切形式的在线剥削和虐待，这些措施包含一些关键要素，有助于为东盟及其他地区的儿童塑造更安全的数字世界。通过共同努力并实施七项关键措施，东盟成员国可以形成协调一致的应对措施，以解决东盟及其他地区的在线儿童性剥削和虐待问题。

七项关键措施如下。

（1）促进、制定并实施全面的国家法律框架，以改善儿童保护标准及政策。各国将在国家和区域层面上建立全面的法律体系。在国家层面，东盟成员国将采取行动，审查、修订并加强其立法。在区域层面，东盟将制定指导方针和标准，以便成员国能够在制订计划并落实此类国家变革时能够采取统一的方法。

（2）提高执法、司法等法律专业能力。开设培训课程、分享有价值的经验、制定指导手册等都是建设并提高执法和司法能力的有效途径。

（3）鼓励设立一个专门的国家单位来领导、支持并协调调查工作。

（4）开展基于权利和促进性别平等的儿童保护、支持服务以及社会福祉项目，并提高其有效性。东盟成员国将努力为儿童提供优质、全纳和便捷的支持服务，同时考虑到他们的具体需求，《区域行动计划》也明确提到了心理支持的重要性。

（5）加强数据收集、监测、报告和移交机制。为确保被滥用的在线内容能够被及时举报并删除，举报热线发挥着关键作用。东盟成员国将与非政府组织和私营部门合作，建立并加强此类热线。他们还将确保执法部门有有效的机制来接收来自举报热线的报告，确定优先级，随后采取行动并移交这些报告。

（6）完善国家教育方案和学校课程，以提高公众对在线性剥削和虐待儿童的认识。相关安全教育和安全意识的学习可以增强儿童、家长、监护人、一线支持人员和整个社区的能力。学校发挥着重要的作用，能够在解决在线儿童性剥削和虐待方面提供很大帮助。除此之外，关于网络伤害的公众意识运动也可为公众和目标受众提供很大的帮助。

（7）动员并加强私营部门的参与。东盟的《宣言》和《区域行动计划》文件明确阐述了私营部门和政府之间合作的必要性。跨部门合作可以帮助建立有效的机制，检测、删除并报告与儿童性虐待和剥削有关的非法内容。简而言之，跨部门合作有助于使互联网成为对儿童来说更安全的环境。

第七节

经济合作与发展组织：《塑造教育的趋势（2022）》报告发布

2022年1月18日，经济合作与发展组织（OECD）发布最新报告《塑造教育的趋势（2022）》。本报告从经济增长、工作与生活、知识与权力、身份和归属以及变化着的世界等五个维度，对教育在当前和今后的演变趋势进行了分析和研判。

《塑造教育的趋势》最先于2008年出版，后续版本分别于2010年、2013年、2016年和2019年出版。OECD最新发布的2022年版有别于此前版本的文本叙述，一方面，该报告突出强调了新冠肺炎疫情对人类社会造成的全方位冲击和影响，并进一步传导到教育。相比于此前教育在疫情冲击下的戛然而止和随后的仓促应对，该报告显然更侧重于疫情之于人类社会和教育更为深远的影响。另一方面，该报告立足翔实的数据，从现实问题和变化趋势出发，引起人们关于当下和未来的教育之发展的思考。

本报告所着眼的"未来教育"，不再仅仅是技术驱动下的教育演变，而是联系上述五大领域的趋势，从不同角度对未来教育进行了思考和研判。一方面，该报告在绪论中，从关于教育的目标和功能、组织和结构、教师队伍以及治理和地缘政治等四个维度，分别就学校教育的延伸、教育教学的外包、作为学习俱乐部的学校和个性化的学习等关涉教育发展和演变的四个主题，进行了分析阐述。另一方面，在每一章的趋势叙述和分析之后，同样以图示的方式，阐述了不同趋势影响下，未来15~20年，教育各要素所发生的变化，由此勾勒出较为全面的未来教育变革图景。

第八节

UNESCO：在西非和中非国家使用开放教育资源的建议

来自西非和中非16个国家的约70名代表参加了开放教育资源咨询会，他们任职于负责教育和人力资源开发的政府机构。16个国家包括贝宁、布隆迪、布基纳法索、喀麦隆、中非共和国、刚果民主共和国、刚果共和国、吉布提、埃塞俄比亚、几内亚、科特迪瓦、马里、摩洛哥、塞内加尔、乍得和多哥。会议通过布基纳法索、喀麦隆、科特迪瓦、刚果共和国和塞内加尔代表的发言，强调了国家和机构层面区域举措的深度。这些发言强调了在政府层面提高认识和能力建设的必要性，强调开放教育资源的附加价值。此外，演讲者还强调了开放教育资源作为满足国家需求的优质教育的关键潜力。

阻碍西非和中非国家使用开放教育资源的挑战有：不同国家现有技术水平的多样性、城市和农村地区在基础设施和互联网连通性方面的差距、缺乏开放许可方面的专业知识。

使用开放教育资源的优势：新冠肺炎疫情停课期间，开放教育资源使教育和在线学习保持连续性。塞内加尔教育部秘书长在开幕致辞中回顾了非洲法语国家之间在这一领域分享最佳做法和创造协同效应的重要性。

以下是该咨询会推广使用开放教育资源的五条建议。

（1）更新初任教师培训计划，以促进开放教育资源的开发。

（2）将更多相关资源材料翻译成法语。

（3）加深在教学过程中使用开放教育资源的认识。

（4）考虑政府间的区域合作。

（5）加强法语国家在区域和国际开放教育平台的数字化表现。

附录一　问卷调查
智能在线学习产品应用现状问卷调查结果与分析

一、问卷调查的目的

研究以全国中小学生为主要调查对象，旨在通过其对中小学在线学习产品使用情况的调查，全面了解后疫情时代学生在线学习产品的使用现状、学生感受到的产品质量、学生使用在线学习产品的体验。

问卷从学生的基本信息、学生对在线学习产品的使用意愿、学生使用在线学习产品的学习环境、学生使用在线学习产品的学习效果、在线学习产品的信息质量、在线学习产品的交互质量、学生使用在线学习产品的满意度、学生对在线学习产品的持续使用意愿八个方面进行调查。

二、问卷的设计与实施

问卷的编制

问卷调查维度的确立主要参考了各专家学者的研究及相关问卷的

编制（表1）。使用意愿参考了德隆（DeLone）和麦克林（McLean）两位学者的研究，调查了学生在线学习产品的使用频率、主动使用意愿；学习表现基于Lin学者的研究，调查了使用在线学习产品对学生学习成绩、学习兴趣、知识面的影响；自学能力改编自齐默尔曼（Zimmerman）学者对自主学习能力的研究，从制订学习计划、管理时间、调整学习方式、反思四个方面展开调查；信息质量参考了德隆和麦克林的研究，从信息的准确性、丰富性、易学性展开调查；交互质量参考了赵玲、皮图克等人的研究，从人机交互、师生交互、生生交互三方面出发衡量产品的交互质量；产品满意度基于巴塔查吉（Bhattacherjee）、王一顺等人的研究，而持续使用意愿则参考了罗卡（Roca）、利（Lee）等人的研究。基于上述研究和调查目的，本问卷的指标体系由7个一级维度、35个题项组成。

表1 调查问卷指标体系

一级维度	二级维度	问卷条目	来源
使用意愿	使用频率	我使用在线学习产品的频率	DeLone & McLean（2003）
	主动性	我愿意主动地使用在线学习产品进行学习	
	支付意愿	我愿意为在线学习支付费用	

续表

一级维度	二级维度	问卷条目	来源
学习环境	父母支持度	我父母鼓励我使用在线学习产品进行学习	
	父母是否会陪伴	我父母会陪伴我使用在线学习产品	
	使用场景	我经常在什么场景下使用在线学习产品	
	使用设备	我一般使用什么设备进行在线学习	
学习效果	学习表现	我认为使用在线学习产品能提高我的学习成绩	Lin（2011）
		我认为使用在线学习产品能提高我的学习兴趣	
		我认为使用在线学习产品能拓宽我的知识面	
	逻辑思维能力	我认为使用在线学习产品后我对问题的理解更准	
		我认为使用在线学习产品后我对问题的分析更深刻	
		我认为使用在线学习产品后我对结果的归纳更全面	
	自学能力	我认为使用在线学习产品后我能更好地制订学习计划和更好地管理自己的学习时间	Zimmerman（1990）
		我认为使用在线学习产品后我会根据学习内容调整学习方式	
		我认为使用在线学习产品后我更注重反思总结学过的内容	

续表

一级维度	二级维度	问卷条目	来源
信息质量	准确性	我认为在线学习产品的内容没有知识性错误	DeLone & McLean（2003）
		我认为在线学习产品提供的学习内容符合我的需求	
	丰富性	我认为在线学习产品提供的学习资源是丰富的	
		我认为在线学习产品提供的功能是全面的	
	易学性	我认为使用在线学习产品进行在线学习的步骤是容易的	
		我认为在线学习产品的内容是容易理解的	
		我认为在线学习产品的资源是容易获取的	
交互质量	人机交互情况	我在使用在线学习产品时，系统能自动分析我的学习表现并给予反馈或学习报告	Zhao & Lu（2012）Pituch & Lee（2006）Xiao（2006）
		我在使用在线学习产品时，系统能分析我的学习情况并推荐学习资源	
	师生交互情况	我在使用在线学习产品时，能和老师进行交流和互动	
		我在需要学习帮助时，老师能及时给予我反馈	
	生生交互	我在使用在线学习产品时，能和同学进行交流和互动	
		我在使用在线学习产品时，能和同学合作学习	

续表

一级维度	二级维度	问卷条目	来源
满意度	使用感受	我对使用在线学习产品进行在线学习非常满意	Bhattacherjee（2001）Wang & Liao（2008）
	学习需求	我的学习需求可以通过使用在线学习产品得到满足	
	吸引力	我更倾向使用在线学习产品进行在线学习，而非线下学习	
持续使用意愿	继续使用	我有继续使用在线学习产品学习的意愿	Roca et al.（2006）Lee（2010）
	频繁使用	我有提高在线学习产品使用频率的意愿	
	推荐使用	我愿意将我觉得好用的在线学习产品推荐给其他人	

三、样本情况

本次调查共回收问卷10058份，筛除答题时间小于90秒的140份问卷，再筛除答案呈现规律性作答的1288份问卷，最终剩下8630份有效问卷。样本覆盖全国13个省级行政区域及香港特别行政区和海外地区。

四、问卷结果与分析

调查问卷从学生基本信息、学生在线学习产品的使用意愿、学生使用在线学习产品的学习环境、学生使用在线学习产品的学习效果、在线学习产品的信息质量、在线学习产品的交互质量、学生使用在线学习产品的满意度、学生在线学习产品的持续使用意愿八个方面展开设计和调查。对采集到的问卷数据进行总体分析和交叉分析。

调查问卷共设置了42道题目，涵盖以上八个方面。其中有33道题目选项使用了五级量表的形式，分析过程中采用Likert五级量表进行赋分（5分代表非常同意，4分代表同意，3分代表不确定，2分代表不同意，1分代表很不同意）。

（一）基本信息

（1）年级分布

受调查学生从小学三年级到高中三年级均有分布。其中，参与调研的小学三至六年级学生人数较多，高中年级学生人数最少。小学阶段被调查年级人数存在一定差别，其中六年级人数最多，约占19.9%；其次是五年级学生，占17.0%；初中阶段各个年级人数差别较大，初一年级学生人数约占21.3%，是人数最多的年级，初三学生人数较少，仅占7.6%；高中学生人数最少，共占比不到2%。（图1）

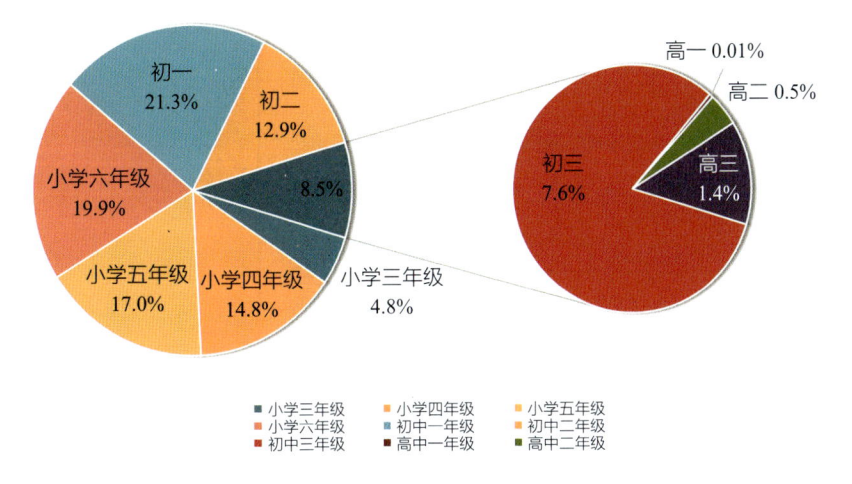

图1 受调查学生年级分布

（2）城市分布

受调查学生来自13个省级行政区、香港和澳门特别行政区以及海外地区。被调查学生主要来自湖南、浙江以及上海，其中来自湖南长沙（60.1%）的学生最多，其次是来自浙江绍兴（17.2%）和浙江杭州（14.5%）的学生。（图2）

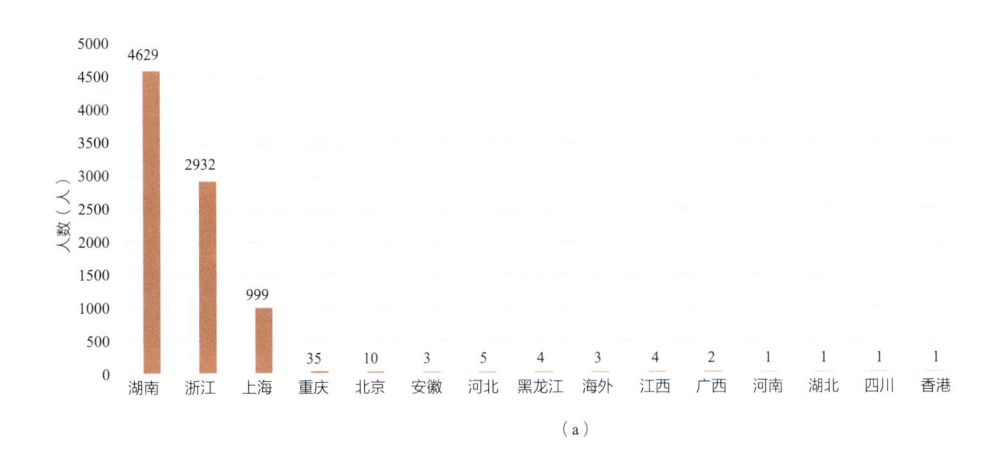

(a)

图2 受调查学生城市分布

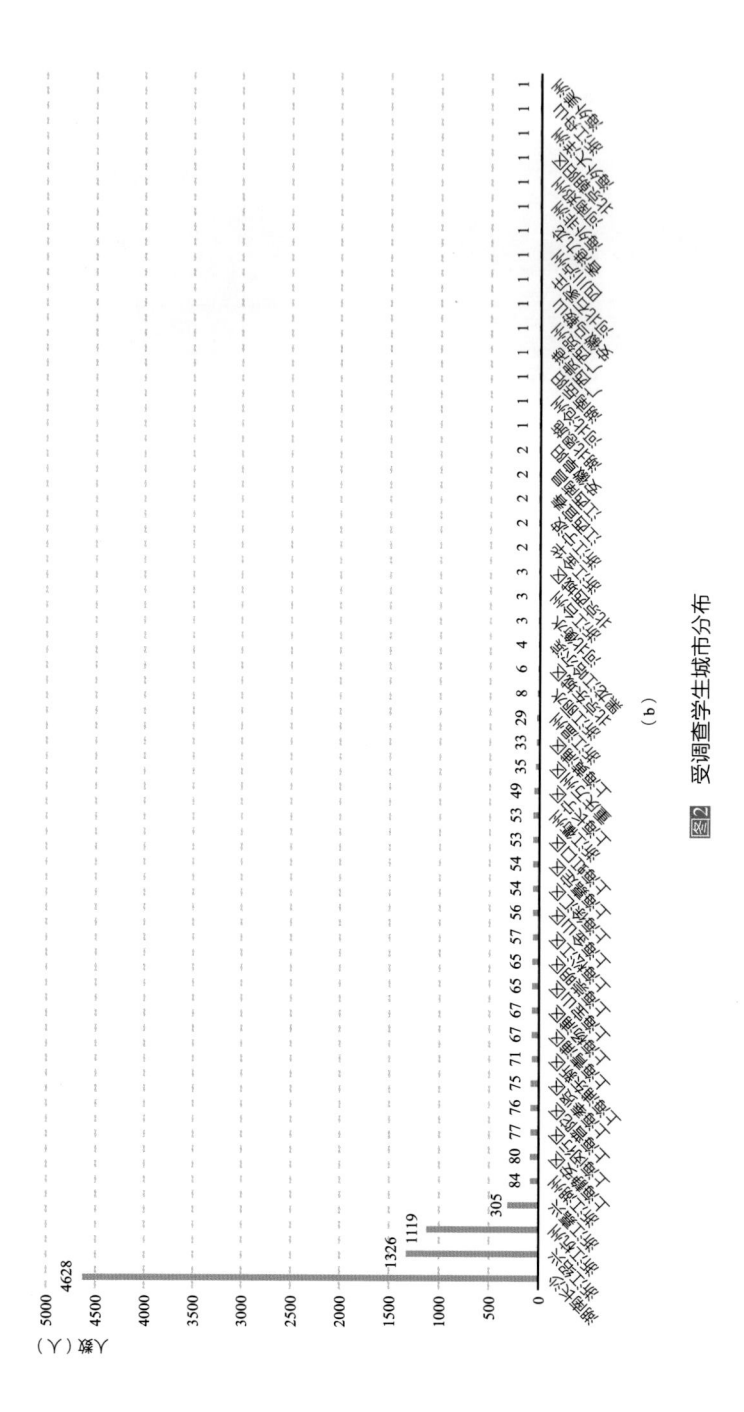

（3）成绩分布

被调查学生中成绩中等的最多，约占49.6%，其次是成绩较好的学生，约占33.2%，成绩较差的学生最少，约占17.0%（图3）。

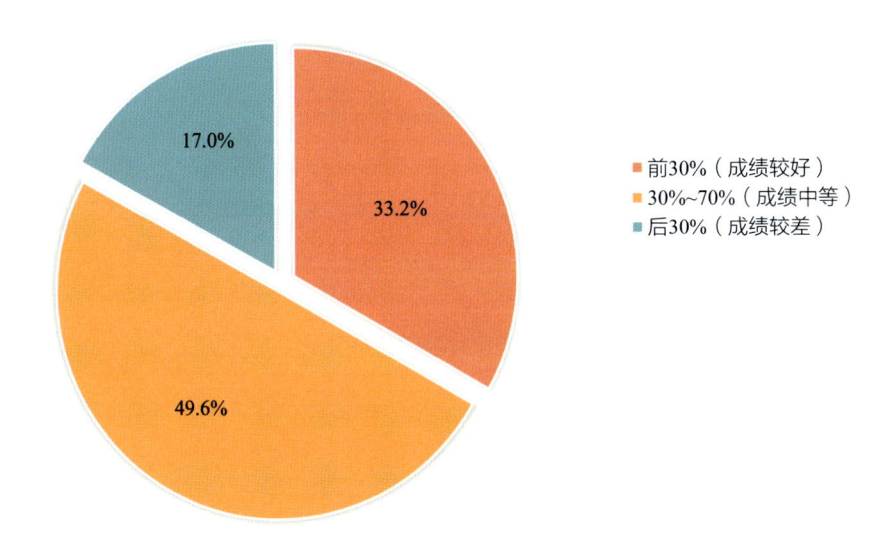

图3　受调查学生成绩水平分布

（4）父母文化程度

被调查学生的父母文化程度相似，以大专或本科学历为主，约占37.5%；其次为高中、中专或中技学历，约为26%；父母是小学或以下学历的学生人数最少，约占4%（图4）。可见，几乎一半学生的父母学历为大专及以上，文化水平中等。

图4 受调查学生父母文化程度分布

（二）在线学习产品的使用意愿

（1）经常使用的在线学习产品（图5）

根据调查数据显示，经常使用钉钉进行在线学习的学生数量最多，约占39.3%，其次是作业帮（32.1%）、一起作业（24.9%）、哔哩哔哩（17.0%）、学而思网校（17.3%）等（图5、图6）。11.2%选择"其他"选项的有效答案中，使用最多的是爱点读、核桃编程、classin、夸克、久趣英语、伴鱼绘本、101网校等App。

经常使用的排名前二十在线学习产品中，钉钉属于智能化直播平台，作业帮、一起作业和爱作业、百词斩、快对作业等9个产品属于个性化学习工具，哔哩哔哩、百度搜题、知乎属于自适应泛在资

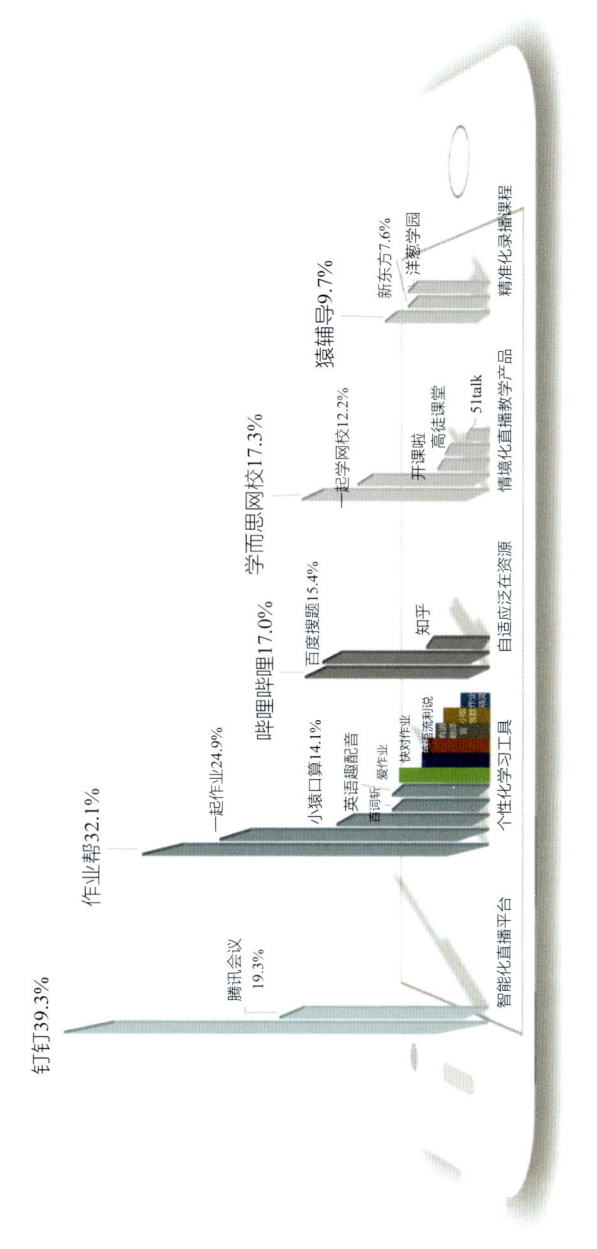

附录一 问卷调查｜智能在线学习产品应用现状问卷调查结果与分析

图5 受调查学生常用在线学习产品类型分布

钉钉39.3%
腾讯会议19.3%
智能直播平台

作业帮32.1%
一起作业24.9%
小猿口算14.1%
英语趣配音
香词驴
爱作业
潜落利说
快对作业
个性化学习工具

哔哩哔哩17.0%
百度搜题15.4%
知乎
自适应在线资源

学而思网校17.3%
一起学网校12.2%
开课啦
高徒课堂
51talk
情境化直播教学产品

猿辅导9.7%
新东方7.6%
洋葱学园
精准化录播课程

· 201

源，学而思网校、一起学网校、开课啦属于情境化直播教学产品。有11.2%的学生选择"其他"选项，其中爱点读、伴鱼绘本这类个性化学习工具App选择人数最多。由此可见，最常用的20个在线学习产品中，个性化学习工具App最多，其次是自适应泛在资源、情境化直播教学产品和精准化录播课程，最后是智能化直播平台。使用智能化直播平台的学生最多，但产品种类最少，仅限于钉钉和腾讯会议App，在"其他"选项中也少有提及。使用情境化直播教学和精准化录播课程App的学生较少。（图6）

图6 受调查学生常用在线学习产品类型分布词云图

（2）使用频率

绝大多数学生都会使用在线学习App，其中"每周数次"的最多，占34.8%。这可能是因为学生周间大多时间在校学习，很多学生只有周末能够接触智能手机。"每天都用"的学生最少，只占14.7%。

通过访谈我们知道每天都使用App，有可能是报名参加了直播课，或者养成了每天App学习打卡的习惯。不太用和没用过的学生共占30%，约占三分之一，可见通过在线学习App进行的学习还未真正普及。（图7）

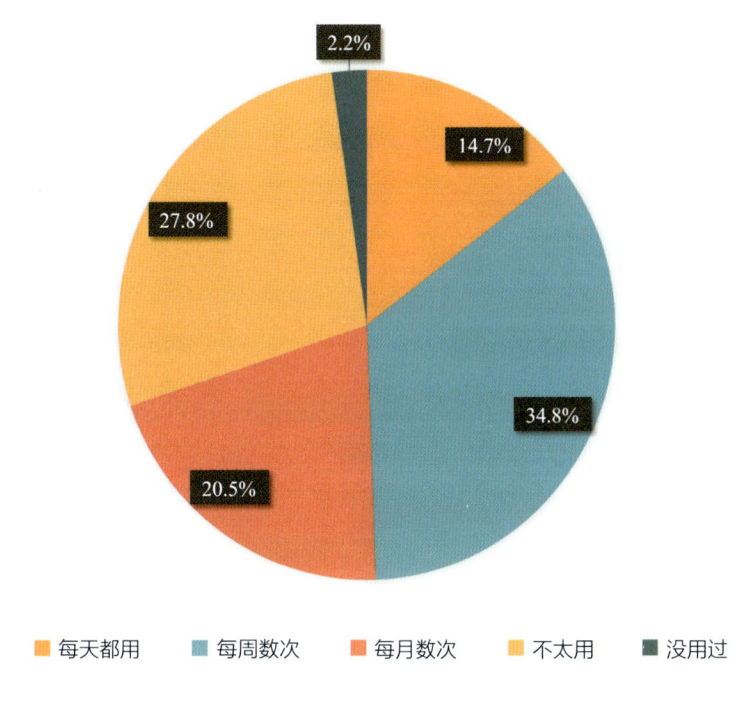

图7 在线学习产品使用频率分布

（3）使用在线学习产品的主动性

由图8数据可以看出学生对于在线产品的使用意愿大部分持积极态度。

针对"主动性"维度设置的"我愿意主动地使用在线学习产品进

行学习"一问，其中38%左右的学生持同意态度，18%左右的学生非常同意，持不同意和很不同意态度的学生为23%左右。

针对支付意愿设置的问题是"我愿意为在线学习支付费用"，其中持积极态度的学生较少，选择"同意"的占21.2%，选择"非常同意"的占5.7%，持"不确定"和不同意态度的学生较多，超过50%，持"很不同意"的占比约为19.9%，相比前一问题大得多。

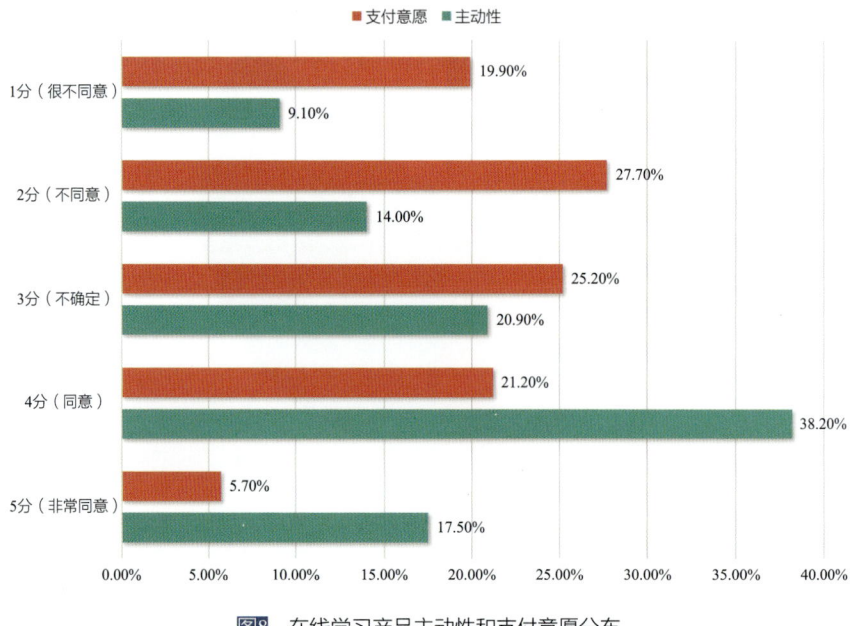

图8 在线学习产品主动性和支付意愿分布

我们对此采用Likert五级量表进行赋分（5分=非常同意，4分=同意，3分=不确定，2分不同意，1分=很不同意），分值越高，使用意愿越强。详见表2。

表 2　主动性和支付意愿情况

变量	人数（人）	最小值	最大值	平均值
支付意愿	7700	1	5	2.65
主动性	7700	1	5	3.41

分析表2数据可以发现，学生的在线学习产品使用意愿中，主动性（3.41）比支付意愿（2.65）更强。在访谈中不难发现，学生居家学习遇到困难时会主动在App中寻求帮助，但是遇到收费功能时有部分学生表示"没必要"或者"够用"。

（三）在线学习产品的学习环境

（1）父母因素

家长对于在线产品的使用意愿大部分都持积极态度（图9）。

针对"父母支持度"设置的问题是"我父母鼓励我使用在线学习产品进行学习"，针对"父母陪伴"维度设置的问题是"我父母会陪伴我使用在线学习产品"。学生对于这两个问题的选择情况相似，持积极态度的学生均为42%左右，其中，持"同意"态度的均占32%左右，"非常同意"的学生均占10%左右；"不确定"选项，两者占比相差不多，均在四分之一左右。

1分（很不同意）	11.60%		12.20%	
2分（不同意）	20.30%		18.40%	
3分（不确定）	24.20%		26.50%	
1分（同意）	32.50%		32.50%	
5分（非常同意）	11.10%		10.20%	

■ 父母支持度　■ 父母陪伴

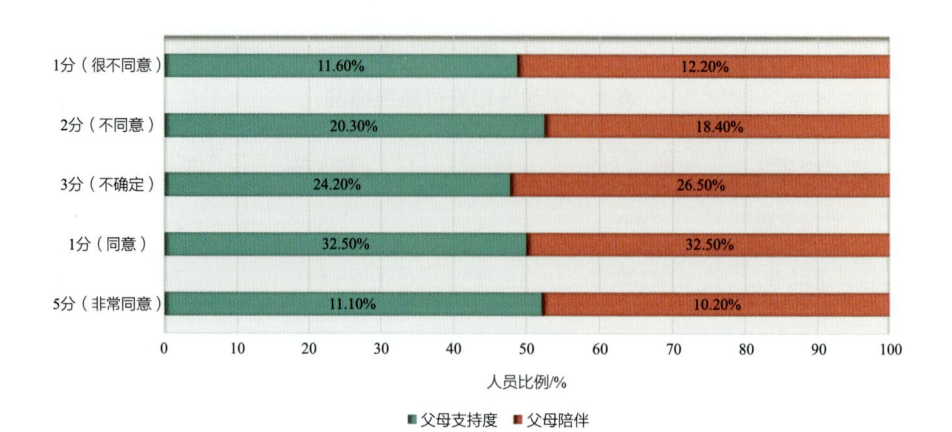

图9　在线学习产品父母支持度和父母陪伴情况分布

表3　父母支持度和父母陪伴情况

变量	人数	最小值	最大值	平均值
父母支持度	7700	1	5	3.11
父母陪伴	7700	1	5	3.10

对两个维度的数据进行赋分和统计（表3），可以看出父母支持度得分（3.11）略高于父母陪伴（3.10），可见相比于鼓励学生学习，少数家长对陪伴学生学习的意愿偏低。

（2）使用场景

通过相关统计发现，在"课后作业"时使用在线学习产品的学生是最多的，占55.8%（图10）。通过访谈也不难发现无论学生的学习能力处于何种水平，多数都会选择课后借助App完成作业。其他使用场景如"课外拓展""课前预习""课堂学习""课后复习"占比相差不大，均在48%左右，而"考前突击"时使用App的学生不到半数，占比最少，仅27.9%。

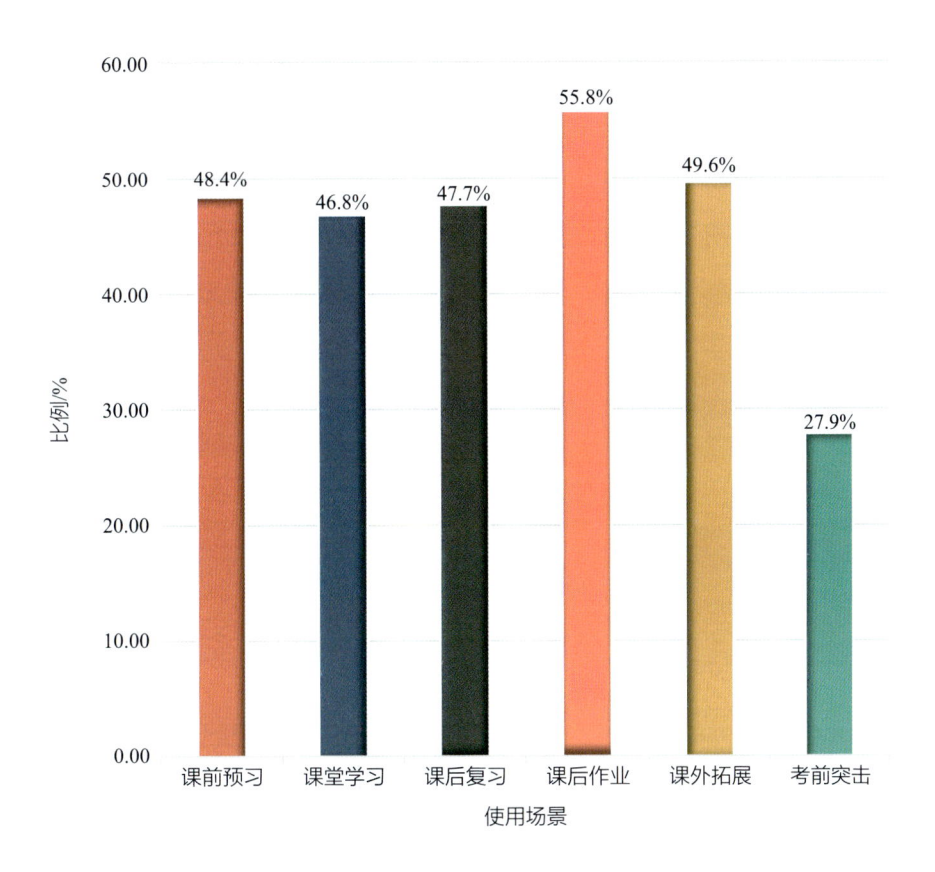

图10 在线学习产品使用场景分布

分析数据可以发现，在线教育App的使用场景比较丰富，除了

"考前突击"选项最少，其他几项都较平均，均在45%~60%之间。在考前突击时使用在线学习产品的占比是最少的，说明App在学习内容的丰富性、总结性、创新性等方面仍需改进。课堂学习使用人数占比不到五分之一，说明在线教育App还未真正走进校园，无法真正实现应用功能与课堂教学的完美融合，也可能说明教师的信息素养仍需提高，在使用智能产品提高教学效率、丰富教学效果上需要一定的培训和研究。

（3）使用设备

通过"手机"使用在线学习产品的学生最多，占72.2%；其次是"平板"（50.4%），与选择"手机"设备的数量相差较大；通过"电脑"进行在线学习产品使用的占比34.4%，半数不到；使用"学习机"的学生最少，占23%（图11）。

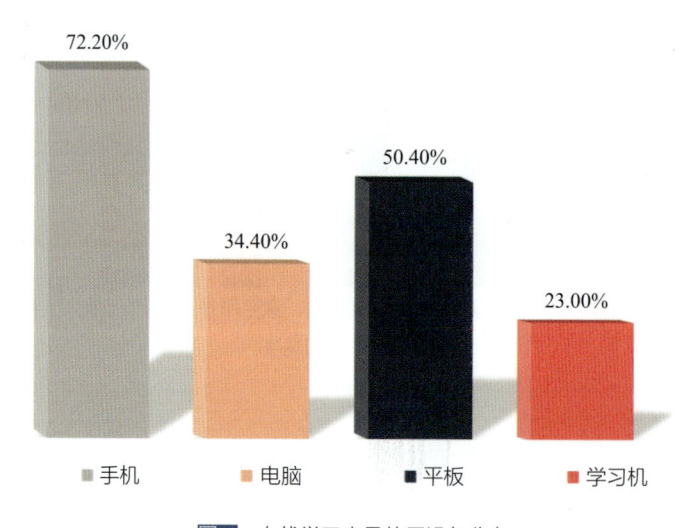

图11 在线学习产品使用设备分布

（四）在线学习产品的学习效果

（1）学习成绩

在线学习产品"提高了我的学习成绩"问题中（图12），持同意和非常同意的学生一共占38.9%，可见有部分学生认为在线学习产品内的学习提高了他们的学习成绩。持不确定态度的学生最多，占37%左右，可见在线学习产品并未对所有学生的学习成绩产生较明显的积极作用，也有可能是这部分学生使用的在线学习产品并未对学生提供针对性强、反馈及时的学习服务。不同意和很不同意的学生分别占17%、4.3%，持反对意见的学生不多。

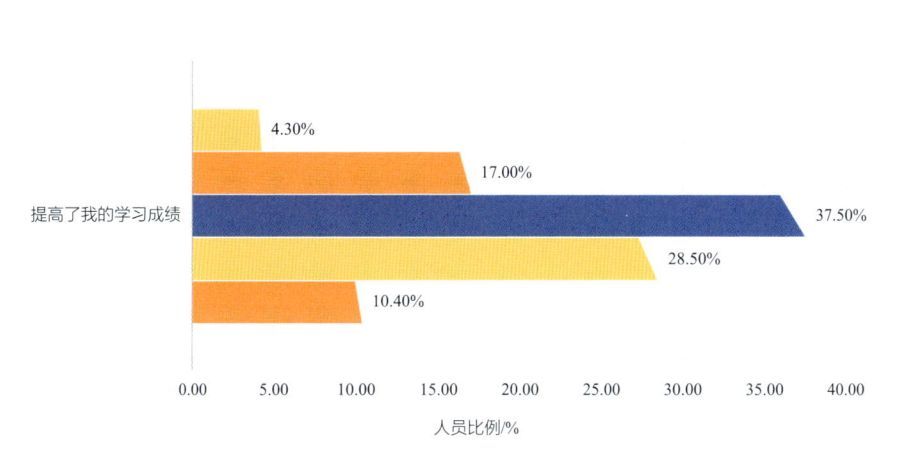

图12 在线学习产品学习成绩情况分布

（2）学习兴趣

在线学习产品"提高了我的学习兴趣"问题中，大部分学生持同意（34.5%）或者非常同意（12.4%）态度，有30%的学生不确定是否提高了自己的学习兴趣，不到20%的学生不同意（16.9%）或者很不同意（5.9%）在线学习产品提高了自己的学习兴趣（图13）。

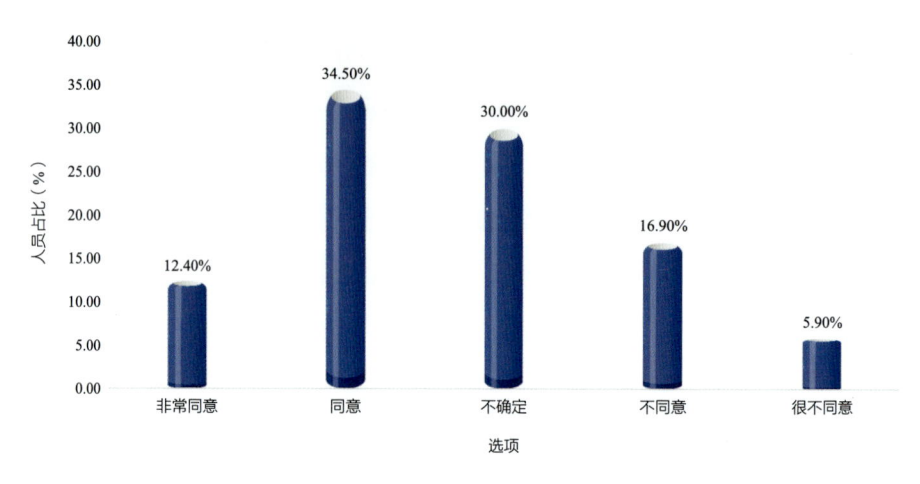

图13 在线学习产品学习兴趣情况分布

（3）知识面

在线学习产品"拓宽了我的知识面"问题中，几乎半数的学生持同意态度（46%），少数学生选择非常同意（15%），不同意和很不同意的学生极少，仅占15%左右（图14）。可见在知识面维度上，学生的满意度较高。仅21%的学生不确定，该类学生可能是在在线学习App中学习到的知识在现实中应用较少，或者学生本身的基础比较好，App内拓展的知识在其认知范围内。

（4）逻辑思维能力

"逻辑思维能力"维度包含三个题目，分别是"让我对结果的归纳更全面""让我对问题的分析更深刻""让我对问题的理解更准

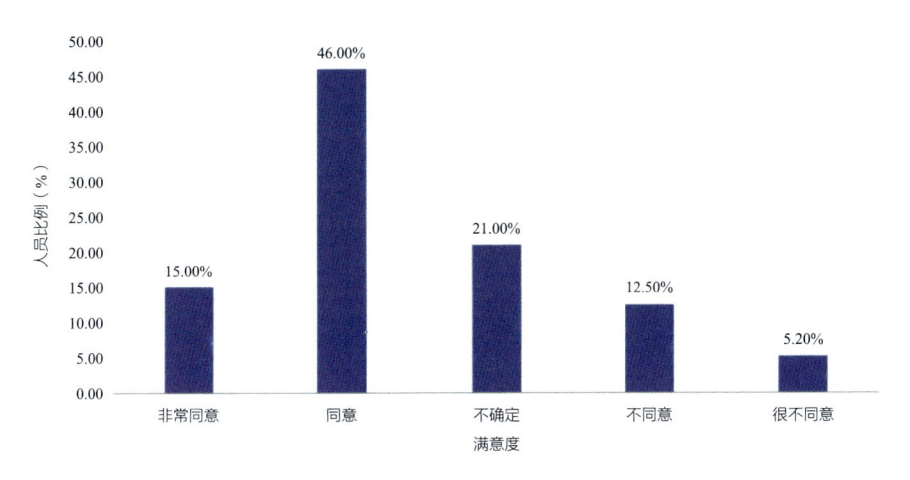

图14 在线学习产品知识面满意度分布

确"。三个题目选择非常同意（13%左右）、同意（38%左右）、不确定（31%左右）、不同意（13%左右）和很不同意（5%左右）的数据统计情况十分相似（图15）。

在线学习产品的学习效果中，学生对于逻辑思维能力的提高满意度中等，半数持同意态度，仍有50%左右的学生不确定或者反对，可见App在培养学生的逻辑思维能力上还不能做到个性化和自适应，也有可能在其反馈和学习资料推送上无法完全满足学生的需求。

（5）自学能力

"自学能力"维度共设置四个题目。从四类统计数据的比较中可以看出，学生对"在线学习产品能让我根据学习内容调整学习方式"持同意（12.4%）和非常同意（35.8%）的人数是最多的；学生对"让我能更好地管理自己的学习时间"问题持反对态度（不同意17.7%、很不同意5.4%）的学生是最多的（图16）。因此，学生对"能让我根据学习内容调整学习方式"满意度最高，对"让我能更好地管理自己

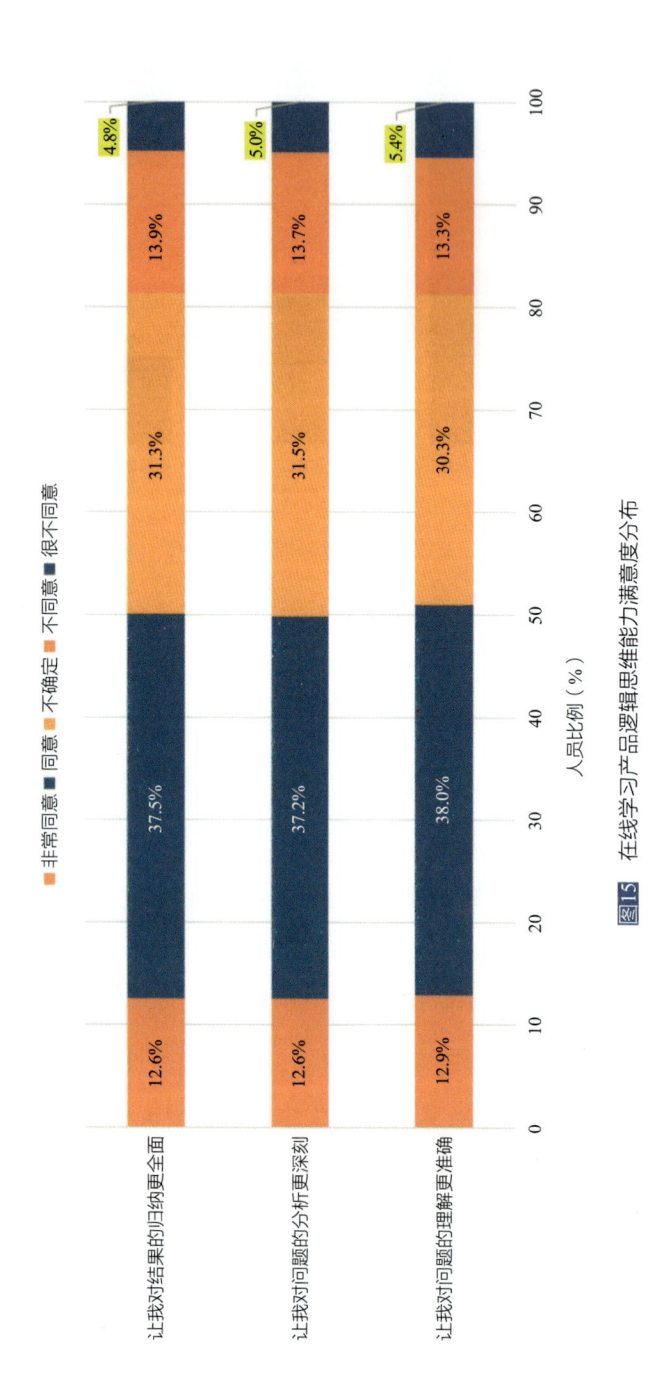

图15 在线学习产品逻辑思维能力满意度分布

的学习时间"满意度最低。一方面在一定程度上肯定了智能在线教育App对学生自主学习的调节作用，另一方面也反映了App在引导学生科学管理自主学习时间上功能的薄弱。

这个结果可能与学生的学习方式和学习特征有关，大部分学生的学习自制力较差，学习计划对其约束不强，而学习成果可以从练习、试卷、教师提问等环节中得到检验，外显性较强，因此学生往往可以在试错、经验总结中调整学习方式。

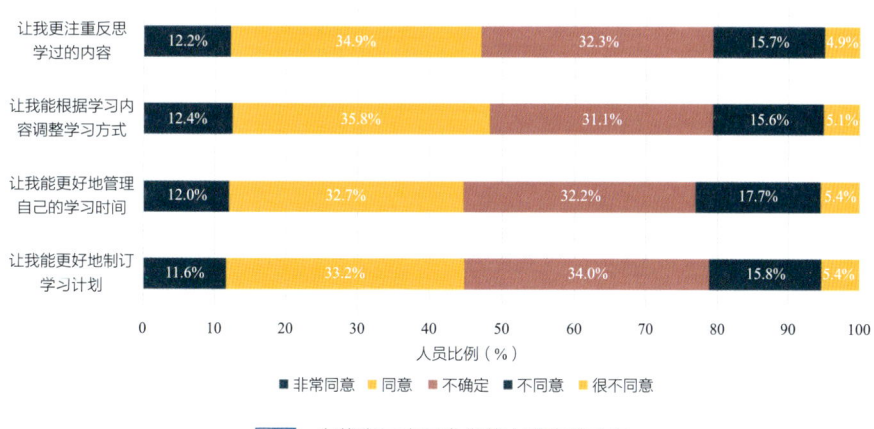

项目	非常同意	同意	不确定	不同意	很不同意
让我更注重反思学过的内容	12.2%	34.9%	32.3%	15.7%	4.9%
让我能根据学习内容调整学习方式	12.4%	35.8%	31.1%	15.6%	5.1%
让我能更好地管理自己的学习时间	12.0%	32.7%	32.2%	17.7%	5.4%
让我能更好地制订学习计划	11.6%	33.2%	34.0%	15.8%	5.4%

图16 在线学习产品自学能力满意度分布

从维度来看，在线学习产品的使用在一定程度上能够提高学生的学习成绩、逻辑思维能力、自学能力、学习兴趣、知识面（表4）。其中，学生对在线学习产品的知识面满意度（3.54）最高，对学习成绩的满意度（3.19）最低。成绩反映了最直接的学习效果，看来在线学习产品还应在学生成绩提高上多下功夫，通过自身产品功能让学生真实地感受到学习有所成效。

表4　在线学习产品的学习效果情况

维度	题号（关键字）	人数	最小值	最大值	平均值
学习成绩	30（学习成绩）	8630	1	5	3.19
学习兴趣	31（学习兴趣）	8630	1	5	3.31
知识面	32（知识面）	8630	1	5	3.54
逻辑思维能力	33（问题理解）	8630	1	5	3.40
逻辑思维能力	34（问题分析）	8630	1	5	3.39
逻辑思维能力	35（结果归纳）	8630	1	5	3.39
自学能力	36（制订学习计划）	8630	1	5	3.30
自学能力	37（管理学习时间）	8630	1	5	3.28
自学能力	38（调整学习方式）	8630	1	5	3.35
自学能力	39（反思学习内容）	8630	1	5	3.34

对学习效果涉及的十个问题进行赋分和统计可以发现，学生使用在线学习产品进行在线学习的学习效果，总体来看呈现积极结果。学生普遍认为在线学习产品起到锦上添花的作用。学生对于"在线学习产品提高了我的学习兴趣"满意度（3.31）较低，对提高逻辑思维能力（3.39）的满意度比自学能力（3.32）高。

为提高学生的综合素质水平，大多App均采用答题的形式提高学生学习兴趣、分析学习成效，因此学生可以在问题解决过程中感知逻辑思维能力的提升；相比于逻辑思维能力，自学能力的提升不仅需要以学生的自我监控能力为基础，还对App的智能和个性化提出了更高要求。因此，在学习效果上，App还要着重考虑对学生自学能力提升的多种路径，以达到更高水平的自适应。

（五）在线学习产品的信息质量

总体来看，在线学习产品的信息质量与学习效果、交互质量相比，满意度较高（图17），可见学生对于当前在线学习产品的内容、资源、操作等比较满意，持"同意"态度的最多。

我们对信息质量从准确性、丰富性、易学性三个维度设置了八个问题。总体来看，学生对于在线学习产品的丰富性和易学性满意度较高，对准确性的满意度较低，其中"学习内容前后没有矛盾"和"学习内容没有知识性错误"的学习效果与其他方面相差较大，学生对"学习内容符合需求"满意度较高。

比较八组数据可以发现，"学习内容前后没有矛盾"选择"同意"（43.7%）以及"非常同意"（5.8%）的学生最少，满意度最低；"学习内容没有知识性错误"的满意度与前者相似，处于较低水平。可见在线学习产品中确实出现了前后表述不一的问题，或者存在让学生疑惑、与学校线下教学有冲突的知识。对"资源丰富"持积极态度（65.9%）的学生数量较多，满意度较高；同意（48.2%）和非常同意（19.0%）"在线学习步骤容易"的学生最多。可见在线学习产品在操作易用性上符合大多数人的水平。但学生对"功能全面"的满意度不高。随着全民数字素养的提高，学生对产品的功能也提出了更高的要求，当前大部分产品依旧存在涉及领域窄、特色功能少的问题。

由表5可知，学生对在线学习产品的丰富性满意度最高，对准确性的满意度最低。从平均值来看，学生对于"学习内容前后没有矛盾"（3.32）、"学习内容没有知识性错误"（3.33）的满意度相对偏低，对于"步骤容易"（3.67）和"资源丰富"（3.67）的满意度最高，对于"学习内容符合需求"（3.60）、"学习资源容易获取"（3.58）、"功能全面"（3.56）的满意情况较为相似。可见不少学生在使用在线学习产品进行学习时遇到过知识点错误的问题，在准确性上的问题较多；不过在线学习产品在功能设置和操作引导上颇有成效，资源呈现也获得了大量好评。

表5 在线学习产品的信息质量情况

维度	题号	人数（人）	最小值	最大值	平均值
准确性	9（学习内容没有知识性错误）	8630	1	5	3.33
	10（学习内容符合需求）	8630	1	5	3.60
	11（学习内容前后没有矛盾）	8630	1	5	3.32
丰富性	12（资源丰富）	8630	1	5	3.67
	13（功能全面）	8630	1	5	3.56
易学性	15（步骤容易）	8630	1	5	3.67
	16（学习内容易于理解）	8630	1	5	3.52
	17（学习资源容易获取）	8630	1	5	3.58

附录一 问卷调查 | 智能在线学习产品应用现状问卷调查结果与分析

图17 在线学习产品信息质量满意度分布

· 217

（六）在线学习产品的交互质量

从图18数据可以发现，对于交互质量涉及的六个题目选择"同意"的学生最多，其次是"非常同意"，再是"不确定""不同意"和"很不同意"。将六组数据进行对比可以发现，在使用在线学习产品时，学生对于"系统能分析我的学习情况并推荐学习资源"满意度最高，持同意（15.3%）和非常同意（42.9%）的学生占比最多。"系统能自动分析我的学习表现并给予反馈或学习报告"以及"老师能及时给我反馈"两项，持同意（40%左右）和非常同意（16%左右）的学生较多，满意度较高。可见大部分在线学习产品能够做到及时反馈，且对在线课堂教师有一定的师生互动要求。"我能和同学开展合作学习"，持同意（33.8%）和非常同意（13.3%）的学生占比最少，不同意（16.1%）和很不同意（6.7%）的学生最多，因此满意度最低。合作学习活动在线下课堂中非常常见，是教师们乐于组织的课堂活动之一，但由于线上学习形式的特殊性，师生时空分离，合作学习必须要在足够智能的功能支持下才能够顺利开展，因此产品还需要提高合作学习相关功能创新。

学生对于在线学习产品总体的人机交互（3.50）满意度较高，但对生生交互（3.34）的满意度最低（表6）。这可能是由于在线学习App中的学习秩序难以控制，生生交互功能不够完善，因此学生之间的合作学习和交流互动机会少、途径少，也有可能是学生对于生生交互的需求不是很强，比如他们只是使用App内的工具检索学习资源、记背单词等。因此，当前在线学习产品在交互质量上需要提高生生交

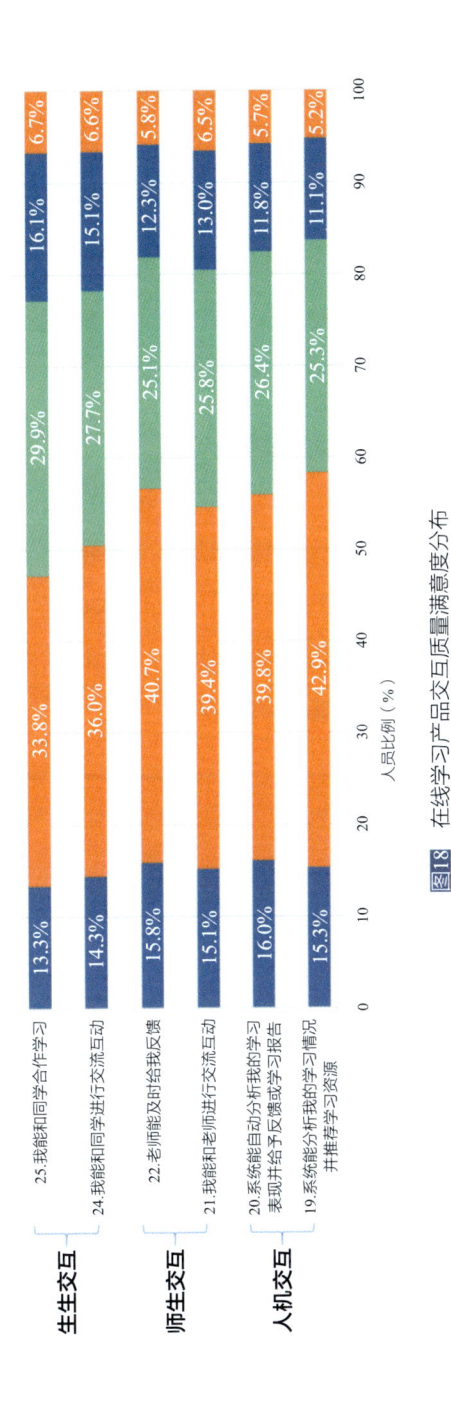

附录一 问卷调查 | 智能在线学习产品应用现状问卷调查结果与分析

图18 在线学习产品交互质量满意度分布

维度	题项	非常同意	同意	不确定	不同意	很不同意
生生交互	25.我能和同学合作学习	13.3%	33.8%	29.9%	16.1%	6.7%
生生交互	24.我能和同学进行交流互动	14.3%	36.0%	27.7%	15.1%	6.6%
师生交互	22.老师能及时给我反馈	15.8%	40.7%	25.1%	12.3%	5.8%
师生交互	21.我能和老师进行交流互动	15.1%	39.4%	25.8%	13.0%	6.5%
人机交互	20.系统能自动分析我的学习表现并给予反馈或学习报告	16.0%	39.8%	26.4%	11.8%	5.7%
人机交互	19.系统能分析我的学习情况并推荐学习资源	15.3%	42.9%	25.3%	11.1%	5.2%

• 219

互相关功能，增加生生交互的学习体验环节。

表6 在线学习产品的交互质量情况

维度	题号	人数	最小值	最大值	平均值
人机交互	19（系统能自动分析我的学习表现并给予反馈或学习报告）	8630	1	5	3.52
	20（系统能分析我的学习情况并推荐学习资源）	8630	1	5	3.48
师生交互	21（我能和老师进行交流和互动）	8630	1	5	3.43
	22（老师能及时给予反馈）	8630	1	5	3.48
生生交互	24（我能和同学进行交流和互动）	8630	1	5	3.36
	25（我能和同学开展合作学习）	8630	1	5	3.31

（七）在线学习产品的满意度

我们对使用感受设置的问题是"我对使用在线学习产品的学习体验感到满意"。如图19显示，近半的学生持积极态度，选择"同意"（41.8%）或"非常同意"（14.7%），可见有半数左右学生的在线学习体验较好。

在"我的学习需求可以通过使用在线学习产品得到满足"选项中，持同意和非常同意态度的学生数量相比于上一项有所减少，分别占

34.7%、12.8%。中小学生对新事物有强烈的好奇心，在线学习产品在画面、操作等方面都有比较完善的设置，但是可能由于在线学习产品的内容更新、任务创新跟不上信息时代的变化，欠缺即时性，所以部分学生的需求还是无法得到满足。持"不确定"的学生超过五分之一，可能的原因是被测学生使用的在线学习产品没有设置与其学习需求对应的学习检测或者学习反馈。

"我更倾向使用在线学习产品进行在线学习，而非线下学习"选项中，选择"不同意"的人数最多，占比29.8%，紧接着是"不确定"，占比26.9%，"非常同意"占9.0%。虽然有超过五分之一的学生更倾向于选择线上学习，但仍有44%左右的学生不同意或者很不同意选择线上学习取代线下学习。可见相比于线下学习，线上学习并未真正在学生认知中建立可信赖的地位。

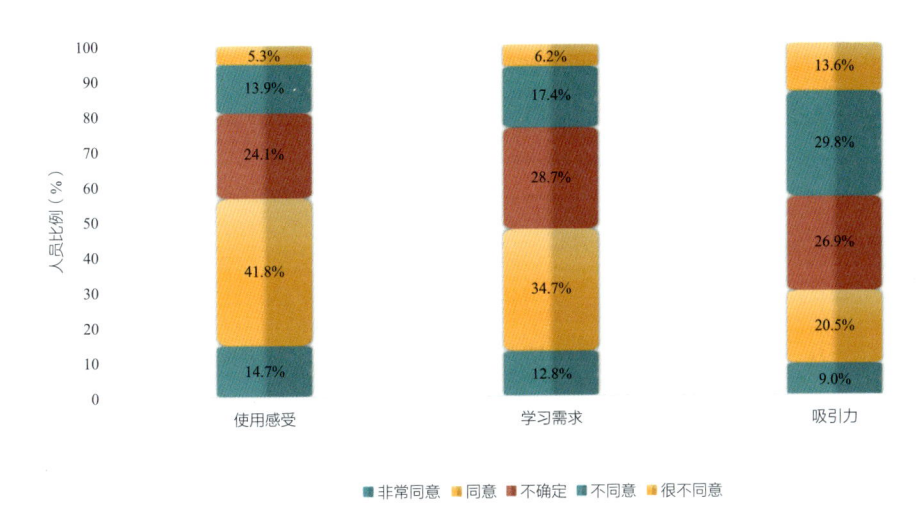

图19 在线学习产品学生满意度分布

如表7调查显示，在线学习产品对学生的吸引力（2.81）远小于使用感受（3.46）和学习需求（3.30）的满意度。同时，学生对于在线学习产品的满意度总体低于对其信息质量和交互质量的满意度。说明虽然学生对在线学习产品的软件功能比较满意，但是从自身体验出发，线下学习更占优势。在线学习产品还需在功能创新、优势明显、资源全面等方向改进。

表7 在线学习产品的满意度情况

维度	题号	人数（人）	最小值	最大值	平均值
使用感受	27（我对使用在线学习产品的学习体验感到满意）	8630	1	5	3.46
学习需求	28（我的学习需求可以通过使用在线学习产品得到满足）	8630	1	5	3.30
吸引力	29（我更倾向使用在线学习产品进行在线学习，而非线下学习）	8630	1	5	2.81

（八）在线学习产品的持续使用意愿

如图20所示，在持续使用意愿上，大部分学生持积极态度，可见在线学习产品获得了较多学生的认可。从数据比较来看，学生的"继续使用"意愿和"推荐使用"意愿较高,两个选项的选择结果数据较为相似,均有37%左右的学生持同意态度,14%左右的学生持非常同意态度,17%左右的学生持不同意态度,6%左右的学生持很不同意态度,26%左右的学生持不确定态度。

"频繁使用"意愿选项中,持"同意"和"非常同意"态度的学生相较之下有所减少,"不确定"态度的学生较多,占比33.5%,"不同意"和"非常不同意"分别占比23.0%、7.3%,与"继续使用""推荐使用"相比,持积极态度的学生最少。

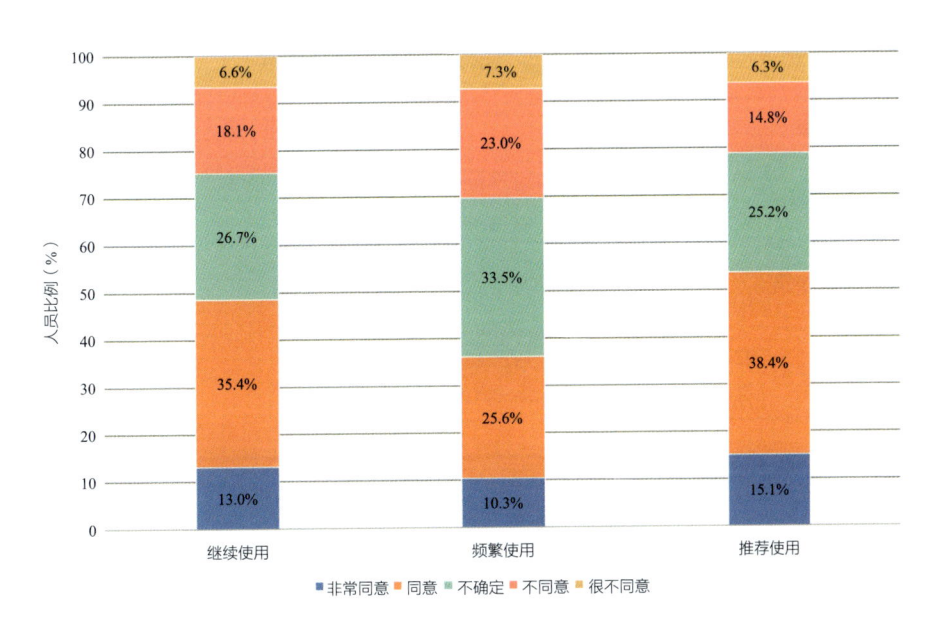

图20 在线学习产品持续使用意愿分布

持续使用意愿的三个维度中,推荐使用意愿(3.41)远高于频繁使用意愿(3.08),略高于继续使用意愿(3.30)(表8)。可见,当前用户和市场对在线学习产品的支持声音较多,特别是在新冠肺炎疫情的冲击和"双减"政策的颁布下,师生对于在线学习愈来愈重视。再加上各类智能技术的加持,在线学习产品的建设和学习效果获得许多好评,用户自然愿意把好的产品推荐给他人。

总体来看,虽然大部分学生愿意继续使用(3.30)在线学习产品,也愿意推荐(3.41)给别人,但是可能由于学校学习时间长、任务重,也有可能是产品本身存在问题,"持续使用意愿"中"频繁使用"的意愿(3.08)比较低。

表8 在线学习产品的持续使用意愿情况

维度	题号	人数(人)	最小值	最大值	平均值
继续使用	40(继续使用在线学习产品进行学习)	8630	1	5	3.30
频繁使用	41(提高在线学习产品的使用频率)	8630	1	5	3.08
推荐使用	42(把好用的在线学习产品推荐给其他人)	8630	1	5	3.41

(九)学生年级与使用在线学习产品的关系

针对学生年级的交叉分析显示学生年级与使用在线学习产品的满意度、使用在线学习产品产生的学习效果以及在线学习产品的持续使用意愿相关。总体来看，初中学段学生在线学习产品的满意度、学习效果、持续使用意愿都比小学学段学生高，高中学段由于样本过少，缺乏统计价值。我们针对此问题，根据Likert五级量表对其进行赋分（5分代表非常同意，4分代表同意，3分代表不确定，2分代表不同意，1分代表很不同意），得到加权平均值。

就不同学段而言，初中学生使用在线学习产品学习的满意度比小学生高。小学学段学生使用在线学习产品学习满意度为非常同意的平均占比为10.62%，加权平均值为3.24，而初中学段学生使用在线学习产品学习满意度为非常同意的平均占比为18.05%，加权平均值为3.55。就每个学段而言，初中阶段，学生年级越高，使用在线学习产品学习的满意度越低；小学阶段，小学三年级学生使用在线学习产品进行学习的满意度最低，小学五年级最高（表9）。调查显示，小学三年级的学生使用在线学习产品进行在线学习的倾向度加权平均值为2.74，小学五年级为3.44，而初中一年级至初中三年级的学生使用在线学习产品进行在线学习的倾向度为非常同意的占比从23.09%下降到11.59%，加权平均值从3.75下降到3.32。

表9 不同年级学生对在线学习产品的满意度

年级	很不同意 人数	很不同意 占比/%	不同意 人数	不同意 占比/%	不确定 人数	不确定 占比/%	同意 人数	同意 占比/%	非常同意 人数	非常同意 占比/%	总人数	加权平均值
小学三年级	75	18.25	144	35.04	52	12.65	92	22.38	48	11.68	411	2.74

续表

年级	很不同意 人数	很不同意 占比/%	不同意 人数	不同意 占比/%	不确定 人数	不确定 占比/%	同意 人数	同意 占比/%	非常同意 人数	非常同意 占比/%	总人数	加权平均值
小学四年级	34	2.66	190	14.86	381	29.79	565	44.18	109	8.52	1279	3.41
小学五年级	54	3.67	207	14.07	414	28.14	626	42.56	170	11.56	1471	3.44
小学六年级	108	6.30	272	15.86	436	25.42	715	41.69	184	10.73	1715	3.35
初中一年级	75	4.08	153	8.33	352	19.17	832	45.32	424	23.09	1836	3.75
初中二年级	65	5.83	109	9.78	267	23.97	445	39.95	228	20.47	1114	3.59
初中三年级	43	6.55	118	17.99	155	23.63	264	40.24	76	11.59	656	3.32

就不同学段而言，初中学生使用在线学习产品对学习成绩的影响比小学大。小学学段学生使用在线学习产品对学习成绩影响的加权平均值为3.02，而初中学段学生使用在线学习产品对学习成绩影响的加权平均值为3.25。就每个学段而言，初中阶段，学生年级越高，使用在线学习产品产生的学习效果越差；小学阶段，小学三年级学生使用在线学习产品产生的学习效果最差，小学五年级效果最好（表10）。调查显示，小学三年级学生使用在线学习产品对学习成绩影响的加权平均值最低，为2.66，而小学五年级最高，为3.18，初中一年级至初中三年级的学生使用在线学习产品对学习成绩影响的加权平均值从3.40下降到2.99。

表 10　不同年级学生使用在线学习产品对学习成绩的影响

年级	很不同意 人数	很不同意 占比/%	不同意 人数	不同意 占比/%	不确定 人数	不确定 占比/%	同意 人数	同意 占比/%	非常同意 人数	非常同意 占比/%	总人数	加权平均值
小学三年级	72	17.52	151	36.74	69	16.79	84	20.44	35	8.52	411	2.66
小学四年级	48	3.75	216	16.89	586	45.82	361	28.23	68	5.32	1279	3.14
小学五年级	75	5.10	231	15.70	628	42.69	422	28.69	115	7.82	1471	3.18
小学六年级	113	6.59	327	19.07	678	39.53	471	27.46	126	7.35	1715	3.10
初中一年级	95	5.17	191	10.40	700	38.13	584	31.81	266	14.49	1836	3.40
初中二年级	65	5.83	152	13.64	395	35.46	318	28.55	184	16.52	1114	3.36
初中三年级	46	7.01	152	23.17	263	40.09	152	23.17	43	6.55	656	2.99

就不同学段而言，初中学生持续使用在线学习产品的意愿比小学高。小学学段学生继续使用在线学习产品意愿的加权平均值为3.09，而初中学段学生继续使用在线学习产品意愿的加权平均值为3.38。就每个学段而言，初中阶段，学生年级越高，在线学习产品的持续使用意愿越低；小学阶段，小学三年级学生在线学习产品的持续使用意愿最低，而小学四、五、六年级学生在线学习产品的持续使用意愿相差不大（表11）。调查显示，小学三年级学生继续使用在线学习产品的

加权平均值最低，为2.73，而小学四、五、六年级的加权平均值均在3.21左右；初中一年级至初中三年级的学生非常同意继续使用在线学习产品的占比从20.04%下降到9.91%，加权平均值从3.55下降到3.13。

表 11　不同年级学生在线学习产品的持续使用意愿

年级	很不同意 人数	很不同意 占比/%	不同意 人数	不同意 占比/%	不确定 人数	不确定 占比/%	同意 人数	同意 占比/%	非常同意 人数	非常同意 占比/%	总人数	加权平均值
小学三年级	65	15.82	152	36.98	58	14.11	99	24.09	37	9.00	411	2.73
小学四年级	65	5.08	248	19.39	397	31.04	482	37.69	87	6.80	1279	3.22
小学五年级	77	5.23	300	20.39	441	29.98	524	35.62	129	8.77	1471	3.22
小学六年级	133	7.76	348	20.29	460	26.82	597	34.81	177	10.32	1715	3.20
初中一年级	100	5.45	207	11.27	478	26.03	683	37.20	368	20.04	1836	3.55
初中二年级	66	5.92	161	14.45	292	26.21	378	33.93	217	19.48	1114	3.47
初中三年级	58	8.84	148	22.56	166	25.30	219	33.38	65	9.91	656	3.13

（十）学生学业水平与使用在线学习产品的关系

针对学生学业水平的交叉分析显示学生学业水平与使用在线学习

产品的意愿、父母支持度、使用在线学习产品产生的学习效果以及在线学习产品的持续使用意愿相关。总体来看，学生学业水平越高，使用在线学习产品的意愿、持续使用意愿越强。我们针对此问题根据Likert五级量表对其进行赋分（5分代表非常同意，4分代表同意，3分代表不确定，2分代表不同意，1分代表很不同意），得到加权平均值。

学生学业水平越高，使用在线学习产品进行学习的意愿越强烈（表12）。调查显示，成绩较好的学生愿意甚至非常愿意使用在线学习产品进行学习的占比为23.70%，加权平均值为4.03；成绩中等的学生愿意甚至非常愿意使用在线学习产品进行学习的占比为16.48%，加权平均值为3.97；成绩较差的学生愿意甚至非常愿意使用在线学习产品进行学习的占比为9.74%，加权平均值为3.22。

表12 不同学业水平学生使用在线学习产品的意愿

学业水平	很不同意 人数	很不同意 占比/%	不同意 人数	不同意 占比/%	不确定 人数	不确定 占比/%	同意 人数	同意 占比/%	非常同意 人数	非常同意 占比/%	总人数	加权平均值
前30%（成绩较好）	210	7.31	297	10.34	505	17.58	1180	41.07	681	23.70	2873	4.03
30%—70%（成绩中等）	254	5.92	508	11.84	1003	23.39	1817	42.36	707	16.48	4289	3.97
后30%（成绩较差）	263	17.92	343	23.37	310	21.12	409	27.86	143	9.74	1468	3.22

学生学业水平越高，对使用在线学习产品学习的满意度越高（表13）。调查显示，成绩较好的学生对使用在线学习产品的学习体验感到非常满意的占比为18.76%，加权平均值为4.02；成绩中等的学生对使用在线学习产品的学习体验感到非常满意的占比为13.97%，加权平均值为3.98；成绩较差的学生对使用在线学习产品的学习体验感到非常满意的占比为9.06%，加权平均值为3.34。

表 13　不同学业水平学生对在线学习产品的满意度

学业水平	很不同意 人数	很不同意 占比/%	不同意 人数	不同意 占比/%	不确定 人数	不确定 占比/%	同意 人数	同意 占比/%	非常同意 人数	非常同意 占比/%	总人数	加权平均值
前30%（成绩较好）	138	4.80	297	10.34	612	21.30	1287	44.80	539	18.76	2873	4.02
30%—70%（成绩中等）	163	3.80	516	12.03	1111	25.90	1900	44.30	599	13.97	4289	3.98
后30%（成绩较差）	159	10.83	389	26.50	361	24.59	426	29.02	133	9.06	1468	3.34

学生学业水平越高，使用在线学习产品学习效果越好（表14）。调查显示，成绩较好的学生非常同意使用在线学习产品提高了学习成绩的占比为14.31%，加权平均值为3.76；成绩中等的学生非常同意使用在线学习产品提高了学习成绩的占比为8.95%，加权平均值为3.67；

成绩较差的学生非常同意使用在线学习产品提高了学习成绩的占比为5.18%，加权平均值为3.01。

表14　不同学业水平学生使用在线学习产品对学习成绩的影响

学业水平	很不同意 人数	很不同意 占比/%	不同意 人数	不同意 占比/%	不确定 人数	不确定 占比/%	同意 人数	同意 占比/%	非常同意 人数	非常同意 占比/%	总人数	加权平均值
前30%（成绩较好）	142	4.94	361	12.57	1020	35.50	939	32.68	411	14.31	2873	3.76
30%—70%（成绩中等）	196	4.57	599	13.97	1824	42.53	1286	29.98	384	8.95	4289	3.67
后30%（成绩较差）	182	12.40	466	31.74	509	34.67	235	16.01	76	5.18	1468	3.01

学生学业水平越高，在线学习产品的持续使用意愿越高（表15）。调查显示，成绩较好的学生非常愿意继续使用在线学习产品进行学习的占比为16.92%，加权平均值为3.81；成绩中等的学生非常愿意继续使用在线学习产品进行学习的占比为12.36%，加权平均值为3.80；成绩较差的学生非常愿意继续使用在线学习产品进行学习的占比为7.29%，加权平均值为3.20。

表15　不同学业水平学生在线学习产品的持续使用意愿

学业水平	很不同意 人数	很不同意 占比/%	不同意 人数	不同意 占比/%	不确定 人数	不确定 占比/%	同意 人数	同意 占比/%	非常同意 人数	非常同意 占比/%	总人数	加权平均值
前30%（成绩较好）	179	6.23	420	14.62	720	25.06	1068	37.17	486	16.92	2873	3.81
30%—70%（成绩中等）	218	5.08	707	16.48	1209	28.19	1625	37.89	530	12.36	4289	3.80
后30%（成绩较差）	173	11.78	439	29.90	379	25.82	370	25.20	107	7.29	1468	3.20

（十一）不同地域学生使用在线学习产品的现状

针对不同地域学生的交叉分析显示学生的地域与使用在线学习产品的频率、满意度、学习效果以及在线学习产品的持续使用意愿相关。总体来看，上海学生使用在线学习产品的频率最高，但学习效果、对在线学习产品的满意度、持续使用意愿最低。我们针对此问题根据Likert五级量表对其进行赋分（5分代表非常同意，4分代表同意，3分代表不确定，2分代表不同意，1分代表很不同意），得到加权平均值。

上海学生使用在线学习产品的频率最高，长沙学生使用在线学习产品的频率最低（表16）。调查显示，上海地区学生使用在线学习产品的频率的加权平均值为3.92，最高，其次是杭州地区学生，加权平均值为3.39，绍兴地区为3.37，长沙地区学生使用在线学习产品的频率的加权平均值为3.13，最低。

表 16 不同地域学生使用在线学习产品的频率

地域	没用过 人数	占比/%	不太用 人数	占比/%	每月数次 人数	占比/%	每周数次 人数	占比/%	每天都用 人数	占比/%	总人数	加权平均值
上海	23	2.30	91	9.11	197	19.72	320	32.03	368	36.84	999	3.92
杭州	21	1.88	254	22.70	238	21.27	475	42.45	131	11.71	1119	3.39
绍兴	23	1.73	328	24.74	228	17.19	623	46.98	124	9.35	1326	3.37
长沙	114	2.46	1604	34.66	1008	21.78	1358	29.34	544	11.75	4628	3.13

杭州学生在线学习产品的使用意愿最高，上海学生在线学习产品的使用意愿最低（表17）。调查显示，杭州地区学生在线学习产品使用意愿的加权平均值为4.07，最高。其次是绍兴地区学生，加权平均值为4.03，长沙地区为3.44，而上海地区学生在线学习产品使用意愿的加权平均值仅1.80，最低。

杭州学生对在线学习产品的满意度最高，上海学生对在线学习产品的满意度最低（表18）。调查显示，杭州地区学生对在线学习产品的满意度的加权平均值为4.01，最高。其次是绍兴地区学生，加权平均值为3.97，长沙地区为3.47，上海地区学生对在线学习产品的满意度的加权平均值为2.01，最低。

表17　不同地域学生在线学习产品的使用意愿

地域	没用过 人数	没用过 占比/%	不太用 人数	不太用 占比/%	每月数次 人数	每月数次 占比/%	每周数次 人数	每周数次 占比/%	每天都用 人数	每天都用 占比/%	总人数	加权平均值
上海	413	41.34	455	45.55	71	7.11	42	4.20	18	1.80	999	1.80
杭州	35	3.13	33	2.95	176	15.73	452	40.39	423	37.80	1119	4.07
绍兴	49	3.70	31	2.34	235	17.72	529	39.89	482	36.35	1326	4.03
长沙	213	4.60	609	13.16	1235	26.69	2085	45.05	486	10.50	4628	3.44

表18　不同地域学生对在线学习产品满意度

地域	很不同意 人数	很不同意 占比/%	不同意 人数	不同意 占比/%	不确定 人数	不确定 占比/%	同意 人数	同意 占比/%	非常同意 人数	非常同意 占比/%	总人数	加权平均值
上海	260	26.03	559	55.96	105	10.51	57	5.71	18	1.80	999	2.01
杭州	33	2.95	43	3.84	191	17.07	460	41.11	392	35.03	1119	4.01
绍兴	40	3.02	44	3.32	254	19.16	570	42.99	418	31.52	1326	3.97
长沙	98	2.65	471	12.74	1180	31.91	1723	46.59	226	6.11	3698	3.47

使用在线学习产品对杭州学生成绩的帮助最大,对上海学生成绩的帮助最小(表19)。调查显示,使用在线学习产品对杭州学生成绩帮助的加权平均值为3.81,最高。其次是绍兴地区学生,加权平均值为3.68,长沙地区为3.13,对上海学生成绩帮助的加权平均值为2.02,最低。

表 19 不同地域学生使用在线学习产品对学习成绩的影响

地域	很不同意 人数	很不同意 占比/%	不同意 人数	不同意 占比/%	不确定 人数	不确定 占比/%	同意 人数	同意 占比/%	非常同意 人数	非常同意 占比/%	总人数	加权平均值
上海	246	24.62	565	56.56	125	12.51	45	4.50	18	1.80	999	2.02
杭州	42	3.75	46	4.11	294	26.27	441	39.41	296	26.45	1119	3.81
绍兴	54	4.07	62	4.68	443	33.41	461	34.77	306	23.08	1326	3.68
长沙	161	3.48	707	15.28	2298	49.65	1275	27.55	187	4.04	4628	3.13

杭州学生对在线学习产品的持续使用意愿最高,上海学生对在线学习产品的持续使用意愿最低(表20)。调查显示,杭州地区学生对在线学习产品的持续使用意愿的加权平均值为3.89,最高。其次是绍兴地区学生,加权平均值为3.85,长沙地区为3.21,上海地区学生对在线学习产品的持续使用意愿的加权平均值为2.09,最低。

表20 不同地域学生在线学习产品的持续使用意愿

地域	很不同意 人数	很不同意 占比/%	不同意 人数	不同意 占比/%	不确定 人数	不确定 占比/%	同意 人数	同意 占比/%	非常同意 人数	非常同意 占比/%	总人数	加权平均值
上海	204	20.42	587	58.76	139	13.91	49	4.90	20	2.00	999	2.09
杭州	59	5.27	40	3.57	236	21.09	410	36.64	374	33.42	1119	3.89
绍兴	54	4.07	51	3.85	320	24.13	511	38.54	390	29.41	1326	3.85
长沙	232	5.01	849	18.34	1497	32.35	1792	38.72	258	5.57	4628	3.21

（十二）在线学习产品的满意度与持续使用意愿的关系

在线学习产品的满意度、使用意愿、学习效果、持续使用意愿的交叉分析显示学生使用在线学习产品的满意度、使用意愿、学习效果、持续使用意愿之间存在一定关系。总体来看，学生对在线学习产品的满意度越高，使用意愿越强，学习成绩越好，持续使用意愿越高。我们针对此问题根据Likert五级量表对其进行赋分（5分代表非常同意，4分代表同意，3分代表不确定，2分代表不同意，1分代表很不同意），得到加权平均值。

学生对在线学习产品的满意度越高，使用意愿越强（表21）。调查显示，学生对在线学习产品满意度最低时（很不同意），对应的使用意愿加权平均值1.73，最低；学生对在线学习产品满意度最高时（非常同意），对应的使用意愿加权平均值4.53，最高。

表21 在线学习产品满意度与使用意愿的关系

满意度	很不同意 人数	占比/%	不同意 人数	占比/%	不确定 人数	占比/%	同意 人数	占比/%	非常同意 人数	占比/%	总人数	加权平均值
很不同意	269	58.48	118	25.65	33	7.17	10	2.17	30	6.52	460	1.73
不同意	276	22.96	552	45.92	216	17.97	128	10.65	30	2.50	1202	2.24
不确定	95	4.56	335	16.07	844	40.50	698	33.49	112	5.37	2084	3.19
同意	59	1.63	130	3.60	655	18.13	2259	62.52	510	14.12	3613	3.84
非常同意	28	2.20	13	1.02	70	5.51	311	24.47	849	66.80	1271	4.53

学生使用在线学习产品的意愿越高，学习成绩越好（表22）。调查显示，学生使用在线学习产品意愿最低时（很不同意），对应的学习成绩加权平均值2.06，最低；学生使用在线学习产品意愿最高时（非常同意），对应的学习成绩加权平均值4.02，最高。

表22 在线学习产品使用意愿与学习成绩的关系

使用意愿	很不同意 人数	占比/%	不同意 人数	占比/%	不确定 人数	占比/%	同意 人数	占比/%	非常同意 人数	占比/%	总人数	加权平均值
很不同意	249	34.25	293	40.30	112	15.41	42	5.78	31	4.26	727	2.06
不同意	139	12.11	550	47.91	389	33.89	61	5.31	9	0.78	1148	2.35

续表

使用意愿	很不同意 人数	很不同意 占比/%	不同意 人数	不同意 占比/%	不确定 人数	不确定 占比/%	同意 人数	同意 占比/%	非常同意 人数	非常同意 占比/%	总人数	加权平均值
不确定	51	2.81	286	15.73	1067	58.69	373	20.52	41	2.26	1818	3.04
同意	36	1.06	245	7.19	1461	42.89	1467	43.07	197	5.78	3406	3.45
非常同意	45	2.94	52	3.40	324	21.16	517	33.77	593	38.73	1531	4.02

学生对在线学习产品的满意度越高，学习成绩越好（表23）。调查显示，学生对在线学习产品满意度最低时（很不同意），对应的学习成绩加权平均值1.61，最低；学生对在线学习产品满意度最高时（非常同意），对应的学习成绩加权平均值4.35，最高。

表23　在线学习产品满意度与学习成绩的关系

满意度	很不同意 人数	很不同意 占比/%	不同意 人数	不同意 占比/%	不确定 人数	不确定 占比/%	同意 人数	同意 占比/%	非常同意 人数	非常同意 占比/%	总人数	加权平均值
很不同意	266	57.83	143	31.09	27	5.87	13	2.83	11	2.39	460	1.61
不同意	163	13.56	759	63.14	232	19.30	40	3.33	8	0.67	1202	2.14
不确定	38	1.82	298	14.30	1519	72.89	213	10.22	16	0.77	2084	2.94
同意	34	0.94	207	5.73	1383	38.28	1879	52.01	110	3.04	3613	3.50
非常同意	19	1.49	19	1.49	192	15.11	315	24.78	726	57.12	1271	4.35

学生使用在线学习产品的学习效果越好，持续使用意愿越高（表24）。调查显示，学生使用在线学习产品的学习效果最差时（很不同意），对应的持续使用意愿加权平均值1.73，最低；学生使用在线学习产品的学习效果最好时（非常同意），对应的持续使用意愿加权平均值4.63，最高。

表24　在线学习产品的学习效果与持续使用意愿的关系

学习效果	很不同意 人数	很不同意 占比/%	不同意 人数	不同意 占比/%	不确定 人数	不确定 占比/%	同意 人数	同意 占比/%	非常同意 人数	非常同意 占比/%	总人数	加权平均值
很不同意	262	50.38	190	36.54	33	6.35	18	3.46	17	3.27	520	1.73
不同意	180	12.62	854	59.89	251	17.60	125	8.77	16	1.12	1426	2.26
不确定	92	2.74	437	13.03	1644	49.03	1038	30.96	142	4.24	3353	3.21
同意	19	0.77	80	3.25	331	13.46	1741	70.77	289	11.75	2460	3.89
非常同意	17	1.95	5	0.57	49	5.63	141	16.19	659	75.66	871	4.63

学生对在线学习产品的满意度越高，持续使用意愿越高（表25）。调查显示，学生对在线学习产品满意度最低时（很不同意），对应的持续使用意愿加权平均值1.69，最低；学生对在线学习产品满意度最高时（非常同意），对应的持续使用意愿加权平均值4.50，最高。

表 25　在线学习产品满意度与持续使用意愿的关系

满意度	很不同意 人数	很不同意 占比/%	不同意 人数	不同意 占比/%	不确定 人数	不确定 占比/%	同意 人数	同意 占比/%	非常同意 人数	非常同意 占比/%	总人数	加权平均值
很不同意	225	48.91	183	39.78	32	6.96	8	1.74	12	2.61	460	1.69
不同意	191	15.89	767	63.81	181	15.06	52	4.33	11	0.92	1202	2.11
不确定	86	4.13	369	17.71	1208	57.97	375	17.99	46	2.21	2084	2.96
同意	53	1.47	235	6.50	776	21.48	2309	63.91	240	6.64	3613	3.68
非常同意	15	1.18	12	0.94	111	8.73	319	25.10	814	64.04	1271	4.50

（十三）不同种类在线学习产品的使用现状与影响

学生对智能化直播平台类产品的使用意愿最高（3.69），对个性化学习工具的使用意愿最低（3.41）（表26）。对自适应泛在资源类产品的使用意愿（3.60）次之，对情境化直播教学产品和精准化录播课程的使用意愿相同（3.58），对这三类产品的使用意愿平均值都在3.58以上，使用意愿较高，而对个性化学习工具类产品的使用意愿最低（3.41），平均值低于3.5。

表26 不同种类在线学习产品的使用意愿

产品	很不同意 人数	很不同意 占比/%	不同意 人数	不同意 占比/%	不确定 人数	不确定 占比/%	同意 人数	同意 占比/%	非常同意 人数	非常同意 占比/%	加权平均值
智能化直播平台	264	5.2	463	9.1	1003	19.8	2170	42.8	1171	23.1	3.69
情境化直播教学产品	264	7.1	432	11.6	704	18.8	1561	41.8	775	20.7	3.58
精准化录播课程	167	7.7	235	10.9	392	18.1	922	42.6	446	20.6	3.58
自适应泛在资源	211	10.6	220	11.1	301	15.2	678	34.2	572	28.9	3.60
个性化学习工具	1279	10.0	1872	14.6	2408	18.7	4926	38.4	2354	18.3	3.41

学生对智能化直播平台类产品的满意度最高（3.66），对个性化学习工具类产品的满意度最低（3.41）（表27）。对情境化直播教学类产品（3.57）和自适应泛在资源类产品（3.57）的满意度相同且高于精准化录播课程类产品（3.56），对这三类产品的满意度都在3.56以上，总体来讲较为满意，而对个性化学习工具类产品的满意度较低（3.41）。

表 27　不同种类在线学习产品的满意度

产品	很不同意 人数	很不同意 占比/%	不同意 人数	不同意 占比/%	不确定 人数	不确定 占比/%	同意 人数	同意 占比/%	非常同意 人数	非常同意 占比/%	加权平均值
智能化直播平台	186	3.7	464	9.2	1130	22.3	2305	45.5	986	19.4	3.66
情境化直播教学产品	169	4.5	488	13.1	770	20.6	1659	44.4	650	17.4	3.57
精准化录播课程	124	5.7	249	11.5	455	21.0	964	44.6	370	17.1	3.56
自适应泛在资源	135	6.8	270	13.6	370	18.7	742	37.4	465	23.5	3.57
个性化学习工具	813	6.3	2099	16.3	2853	22.2	5176	40.3	1898	14.8	3.41

总的来说，学生对在线学习产品的持续使用意愿较低，其中对个性化学习工具的持续使用意愿最低（3.28），对自适应泛在资源类产品的持续使用意愿相对较高（3.55）（表28）。对智能化直播平台（3.47）、情境化直播教学类产品（3.40）、精准化录播课程类产品（3.39）的持续使用意愿依次降低。

表28 不同种类在线学习产品的持续使用意愿

产品	很不同意 人数	占比/%	不同意 人数	占比/%	不确定 人数	占比/%	同意 人数	占比/%	非常同意 人数	占比/%	加权平均值
智能化直播平台	293	5.8	679	13.4	1299	25.6	1931	38.1	869	17.1	3.47
情境化直播教学产品	210	5.6	623	16.7	950	25.4	1377	36.9	576	15.4	3.40
精准化录播课程	135	6.2	365	16.9	524	24.2	804	37.2	334	15.4	3.39
自适应泛在资源	137	6.9	293	14.8	389	19.6	678	34.2	485	24.5	3.55
个性化学习工具	901	7.0	2579	20.1	3148	24.5	4443	34.6	1768	13.8	3.28

学生对于在线学习产品的学习内容准确性满意度普遍较低，其中对个性化学习工具类产品学习内容准确性的满意度最低（3.25），对智能化直播平台类产品学习内容准确性的满意度相对较高（3.50）（表29）。情境化直播教学产品和精准化录播课程类产品的内容准确性也相对较高（3.41）。可见，个性化学习工具类产品学习内容可能存在较多的知识性错误，而智能化直播平台、情境化直播教学产品、精准化录播课程类产品的学习内容则可能更加科学、准确。

表29　不同种类在线学习产品的学习内容准确性

产品	很不同意 人数	很不同意 占比/%	不同意 人数	不同意 占比/%	不确定 人数	不确定 占比/%	同意 人数	同意 占比/%	非常同意 人数	非常同意 占比/%	加权平均值
智能化直播平台	224	4.4	507	10.0	1637	32.3	1911	37.7	792	15.6	3.50
情境化直播教学产品	249	6.7	462	12.4	1084	29.0	1373	36.8	568	15.2	3.41
精准化录播课程	145	6.7	250	11.6	648	30.0	805	37.2	314	14.5	3.41
自适应泛在资源	194	9.8	299	15.1	514	25.9	583	29.4	392	19.8	3.34
个性化学习工具	1139	8.9	1968	15.3	3808	29.7	4361	34.0	1563	12.2	3.25

对于"在线学习产品的资源丰富"问题，学生的认同度普遍较高，其中智能化直播平台的资源丰富性满意度最高（3.90），个性化学习工具的满意度最低（3.61）（表30）。对情境化直播教学产品（3.78）、精准化录播课程（3.78）和自适应泛在资源（3.72）类产品的资源丰富性满意度都相对较高。可见，"资源丰富"作为在线学习产品的基本特征之一，学生的满意度较高，资源丰富可能也是吸引学生使用在线学习产品的关键因素之一。

表30 不同种类在线学习产品的学习资源丰富性

产品	很不同意 人数	很不同意 占比/%	不同意 人数	不同意 占比/%	不确定 人数	不确定 占比/%	同意 人数	同意 占比/%	非常同意 人数	非常同意 占比/%	加权平均值
智能化直播平台	144	2.8	242	4.8	895	17.6	2474	48.8	1316	26.0	3.90
情境化直播教学产品	181	4.8	299	8.0	563	15.1	1820	48.7	873	23.4	3.78
精准化录播课程	104	4.8	168	7.8	329	15.2	1067	49.4	494	22.8	3.78
自适应泛在资源	169	8.5	194	9.8	273	13.8	742	37.4	604	30.5	3.72
个性化学习工具	882	6.9	1451	11.3	2102	16.4	5794	45.1	2610	20.3	3.61

学生对智能化直播平台的功能全面性满意度最高（3.80），对个性化学习工具类产品的功能全面性满意度最低（3.49）（表31）。对情境化直播教学产品、精准化录播课程以及自适应泛在资源类产品的满意度都相对较高，平均值在3.65以上。

表 31　不同种类在线学习产品的功能全面性

产品	很不同意 人数	很不同意 占比/%	不同意 人数	不同意 占比/%	不确定 人数	不确定 占比/%	同意 人数	同意 占比/%	非常同意 人数	非常同意 占比/%	加权平均值
智能化直播平台	157	3.1	285	5.6	1149	22.7	2301	45.4	1179	23.2	3.80
情境化直播教学产品	201	5.4	345	9.2	791	21.2	1628	43.6	771	20.6	3.65
精准化录播课程	127	5.9	172	8.0	455	21.0	970	44.9	438	20.3	3.66
自适应泛在资源	165	8.3	206	10.4	309	15.6	753	38.0	549	27.7	3.66
个性化学习工具	978	7.6	1511	11.8	2871	22.4	5210	40.6	2269	17.7	3.49

学生对智能化直播平台的产品易操作性满意度最高（3.89），对个性化学习工具的产品易操作性满意度最低（3.60）（表32）。对精准化录播课程（3.77）、情境化直播教学产品（3.76）、自适应泛在资源（3.74）的产品易操作性满意度依次降低，平均值都在3.70以上，总体来讲较为满意。

表 32　不同种类在线学习产品易操作性

产品	很不同意 人数	很不同意 占比/%	不同意 人数	不同意 占比/%	不确定 人数	不确定 占比/%	同意 人数	同意 占比/%	非常同意 人数	非常同意 占比/%	加权平均值
智能化直播平台	140	2.8	267	5.3	831	16.4	2609	51.4	1224	24.1	3.89
情境化直播教学产品	190	5.1	314	8.4	521	13.9	1898	50.8	813	21.8	3.76
精准化录播课程	106	4.9	171	7.9	301	13.9	1118	51.7	466	21.6	3.77
自适应泛在资源	150	7.6	213	10.7	226	11.4	800	40.4	593	29.9	3.74
个性化学习工具	896	7.0	1461	11.4	1932	15.0	6134	47.8	2416	18.8	3.60

对于在线学习产品的学习内容准确性、学习资源丰富性、功能全面性以及产品易操作性四个方面的特征来说，学生对学习资源丰富性、功能全面性和产品易操作性的满意度远高于对学习内容准确性的满意度。在这几个特征中，学生对智能化直播平台的满意度都是最高的，对个性化学习工具类产品的满意度都是最低的，对情境化直播教学产品、精准化录播课程和自适应泛在资源类产品的满意度次之且相差不大。

对于"在线学习产品提高了我的学习成绩"这一问题，学生的认同度普遍偏低，不同种类产品对学习成绩影响的平均值都在3.5以下（表33），其中个性化学习工具类产品对学生学习成绩提高的影响最低（3.16），智能化直播平台类产品（3.37）和自适应泛在资源类产品（3.34）对学生学习成绩提高的影响相对较大。

表33 不同种类在线学习产品对学生学习成绩的影响

产品	很不同意 人数	很不同意 占比/%	不同意 人数	不同意 占比/%	不确定 人数	不确定 占比/%	同意 人数	同意 占比/%	非常同意 人数	非常同意 占比/%	加权平均值
智能化直播平台	230	4.5	618	12.2	1948	38.4	1613	31.8	662	13.1	3.37
情境化直播教学产品	200	5.4	537	14.4	1364	36.5	1141	30.5	494	13.2	3.32
精准化录播课程	120	5.6	326	15.1	774	35.8	693	32.1	249	11.5	3.29
自适应泛在资源	153	7.7	306	15.4	575	29.0	605	30.5	343	17.3	3.34
个性化学习工具	857	6.7	2465	19.2	4631	36.1	3556	27.7	1330	10.4	3.16

相较于在线学习产品对学习成绩的影响，学生对于在线学习产品拓宽知识面的认同度更高（表34）。就调查结果来看，智能化直播平台类产品对拓宽知识面的影响最高（3.73），个性化学习工具类产品

的影响最低（3.49）。情境化直播教学产品（3.66）、精准化录播课程（3.64）、自适应泛在资源类产品（3.63）对拓宽知识面的影响依次降低，平均值都在3.6以上。

表34 不同种类在线学习产品对学生知识面的影响

产品	很不同意 人数	很不同意 占比/%	不同意 人数	不同意 占比/%	不确定 人数	不确定 占比/%	同意 人数	同意 占比/%	非常同意 人数	非常同意 占比/%	加权平均值
智能化直播平台	157	3.1	422	8.3	1048	20.7	2466	48.6	978	19.3	3.73
情境化直播教学产品	168	4.5	398	10.7	655	17.5	1836	49.1	679	18.2	3.66
精准化录播课程	104	4.8	222	10.3	393	18.2	1083	50.1	360	16.7	3.64
自适应泛在资源	119	6.0	267	13.5	312	15.7	814	41.1	470	23.7	3.63
个性化学习工具	750	5.8	1836	14.3	2535	19.7	5750	44.8	1968	15.3	3.49

附录二　访谈设计
智能在线学习产品应用现状访谈结果与分析

一、访谈提纲设计

本次访谈的目的是了解中小学生使用在线教育App进行在线学习的现状，了解成绩较好和成绩较差的同学在使用在线教育App时的表现有什么不同，了解"双减"政策后，在线教育App的具体变化表现在哪些方面。

本次访谈的提纲主要分为三部分：第一部分为基础信息部分，在了解被访学生的年级、年龄和就读学校的基础上，掌握其日常生活是否使用在线学习产品以及具体使用哪些产品，为后续的了解做铺垫。第二部分为现状部分，是当下在线学习产品在被访学生学习中的具体使用情况。主要包括学生使用在线学习产品的使用现状、动力来源、使用频率、常用功能、应用场景、作用与帮助等方面。第三部分为"双减"后的变化部分，着重关注"双减"后在线学习产品在功能与内容上的变化，以及其对学生使用的影响。

访谈提纲详见附录。

二、访谈过程

（一）访谈对象选择

定性研究不采用概率抽样方法选择研究对象，在选择对象时更多地关注数据内容的变化，因此研究对象较少。为了从研究对象中收集更多的信息，大多数研究采用了目的性抽样方法。本研究也采用了该方法。在选择研究对象的过程中，制定了选择标准，以确认研究对象是否符合研究目标。根据研究目的，我们确定了被访对象为中小学生，且访谈对象中要有成绩较好的和成绩较差的两类学生，由于研究需要了解学生的使用现状，因此在选择被访者时没有对其是否使用在线教育App做限制。为方便收集数据，本研究联系了研究团队中实习生所在的学校，包括杭州A1小学、杭州A2中学和杭州A3中学。访谈对象是研究者在联系实习生说明研究目的后实习生随机选择的，他在杭州A1小学选择了五年级的学生，一共10名，其中5名学生成绩较好，5名学生成绩较差；在杭州A2中学选择了八年级的学生，一共12名，其中4名成绩较好，4名成绩中等，4名成绩较差；在杭州A3中学选择了七年级的学生，一共12名，按照班级成绩排名，选择了班级排名前4名、中间4名和末尾4名学生。

（二）访谈数据收集方式

本研究采用小组访谈的形式，对杭州A1小学将随机选出来的5名成绩较好和5名成绩较差的被访谈者进行集体访谈。针对杭州A2中学和杭州A3中学进行了三轮访谈,分别对成绩较好的4名学生、成绩中等的4名学生、成绩较差的4名学生进行了集体访谈。

在访谈过程中,本研究在征得受访人的同意下,对访谈的内容用腾讯会议进行了录音,一共形成了90余分钟的录音记录。腾讯会议录制后自动将录制语音内容转换成文字形式,我们对访谈录音进行反复听,对照文字进行完整记录,一共形成了4800余字的访谈记录。

三、访谈结果汇总

访谈内容涉及基础信息、现状和"双减"后的变化三个部分,具体如表35所示。

四、访谈结果分析

(一)产品特点

从产品的角度来看,小学生主要使用的在线学习产品是情境化直播类产品如学而思网校、一起学网校等,其次也会使用个性化工具类产品如作业帮等。中学生使用的产品种类则更加多样化,除了使用学而思网校、一起学网校等情境化直播类产品外,还会使用洋葱学园这

附录二 访谈设计｜智能在线学习产品应用现状访谈结果与分析

表35 访谈结果汇总

基础信息			杭州A1小学	杭州A2中学	杭州A3中学
	—	—	五年级学生，平均年龄11周岁	八年级学生，平均年龄14周岁	七年级学生，平均年龄13周岁
现状	使用现状	成绩较好	主要使用学而思网校，一起网校和作业帮	使用过作业帮（主要是暑假用）、开课啦（疫情时使用）、扇贝	使用过一起学网校、洋葱学园、学而思网校、新东方、作业帮、一起作业
		成绩中等	—	使用频率不高，小学的时候用学而思上网课，疫情期间用钉钉上网课，偶尔会用作业帮	使用过百词斩、猿辅导、学而思网校、一对一、古诗文网、爱阅读、洋葱学园
		成绩较差	大多数同学都没有使用过或以前用过	使用过作业帮、百度搜题、英语口语配音（英语学习）、一起作业（小学时使用）	使用过作业帮、小猿搜题、一起学
	动力来源	成绩较好	大多数同学都是自己主动用App学习，或者先是家长要求，后来就自己感兴趣想要使用App学习	英语软件是自己主动使用；作业帮/开课啦网课类App则是家长要求使用的	App搜题是自己使用的，而网课则是家长报名、家长要求的
		成绩中等	—	作业帮是自己主动使用，网课是家长要求使用	家长要求的，"一起作业"要求的
		成绩较差	一位同学是家长要求的，一位同学是自己要求使用的	搜题软件都是自己上面布置作业，一起作业老师在上面布置作业，老师要求使用的；英语学习软件则是家长要求使用的	网课是家长要求使用的，其他软件则是自己需求使用的

·253·

续表

基础信息	—	—	杭州 A1 小学 五年级学生，平均年龄 11 周岁	杭州 A2 中学 八年级学生，平均年龄 14 周岁	杭州 A3 中学 七年级学生，平均年龄 13 周岁
现状	使用频率	成绩较好	上网课的同学是根据自己报的课，每周大概使用两至三次；使用作业帮的同学则是根据作业难度使用，题目较难则使用频率更高	因为住校，一周有几次	基本上每天使用或者周末有时间
		成绩中等	—	因为住校，基本上不使用	上网课是根据自己报的课，定期使用；"洋葱学园"则是根据具体情况，出现不会的问题时会在线搜索
		成绩较差	基本上不使用，一位同学则是寒暑假前的前一个月每天使用（"双减"前）	因为住校，一周有几次	考试前使用"瞳目"进行一对一家教视频会议；"作业帮"则是每周使用两三次或者节假日使用
	常用功能	成绩较好	使用"学而思网校""一起学网校"上网课，主要学习数学和英语学科；使用"作业帮"的搜题功能	使用"开课啦"来上网课（网课有课后练习）、线上课堂 + 线下作业本；使用"扇贝"来背单词，主要学习数学、科学和英语	一般使用网课和搜题功能，主要学习数学、科学
		成绩中等	—	使用"作业帮"搜题，甚至不知道这个功能的练习，不会主动去做里面看视频或者老师发的视频学习资料。主要用来学习数学和英语	一般使用网课和搜题功能
		成绩较差	基本上不使用	使用"作业帮"搜题，不会去做练习，主要用来学数学	使用直播课、线上家教和搜题功能，主要学习英语、数学、科学、语文、化学

续表

基础信息			杭州A1小学	杭州A2中学	杭州A3中学
	—	—	五年级学生，平均年龄11周岁	八年级学生，平均年龄14周岁	七年级学生，平均年龄13周岁
现状	应用场景	成绩较好	在课前使用，网课是用来拓展提高的，主要是用来拓展课外语言是同步课程，用来预习	在课前使用，主要用来课前预习，英语软件则主要是拓展课外单词	直播课主要是在前一个学期或者一年进行预习，课后老师会用"钉钉"打卡
		成绩中等	—	一般在课后使用，用来写作业和复习	一般是预习和考试前复习会用
		成绩较差	基本上不使用	搜题软件一般在课后使用，用来写作业	课前和课后都有使用过
	作用与帮助	成绩较好	了解到的东西更多了，学习兴趣提升了，自学能力提高了	对学习知识有帮助，例如，数学课前、上课的时候学课通过网课起来更轻松	有助于知识点的扩充和针对性提高
		成绩中等	—	一位同学认为有用，可以看作业帮题目的解析，但对成绩提高没有太大的作用；大多数同学认为没有作用	没有太大帮助，但是有总比没有好
		成绩较差	基本上不使用	有帮助，但影响不是特别大，能让数学成绩更稳定一些	补充不了解的知识

续表

基础信息			杭州A1小学，平均年龄11周岁 五年级学生	杭州A2中学，平均年龄14周岁 八年级学生	杭州A3中学，平均年龄13周岁 七年级学生
使用频率		成绩较好	没有变化	没有变化	网课时间有变化，之前是周末，现在是周中每天晚上一至两个小时
		成绩中等	—	没有变化	没有变化
		成绩较差	基本上不使用	没有变化	一位同学使用频率增加，其他同学没有变化
"双减"后变化	功能	成绩较好	网课的时间变短了，所以取消了课后辅导环节，作业帮的功能变化了，现在是给出解题思路，不给答案	功能没什么变化	—
		成绩中等	—	"双减"后没有使用，无法对比	—
		成绩较差	基本上不使用	没有变化	"作业帮"里以前练习里只有题目，现在搭配着解析了
	内容	成绩较好	没有发现什么变化，但是课程的名字有所改变，如"语文"变成了"人文美育"	网课更贵了	课程时间缩短，内容简化
		成绩中等	—	"双减"后没有使用，无法对比	没有变化
		成绩较差	基本上不使用	没有变化	题量增多

种精准化课程类产品，同时使用的个性化工具类产品也更加多样化，除了提供拍照答疑功能的百度搜题、小猿搜题等，还会使用提供英语口语测评功能、英语背单词功能的英语口语配音，百词斩等。

学生家长选择情境化直播类产品并报名课程，学生即可在固定时间通过在线网课的形式进行在线学习。"双减"之前课程内容涉及语文、数学、英语、科学等科目，此类在线网课大多数都包括课前预习、课中授课以及课后辅导的学习全流程，且基本上都通过在线的形式完成。课中授课即以在线网课的形式开展，课后辅导则是以下发习题、教师在平台上答疑的形式开展。"双减"之后，此类产品向素质教育转型，包括音乐、美术、编程培训等素质类内容，但是在访谈中几乎所有同学都没有提到自己在参加素质类学科的在线教育。随着智能技术的发展，在线网课也逐渐变得智适应和个性化，根据学生的学习情况生成习题，让学生能够有针对性地学习知识点。在杭州A3中学的访谈中就有同学讲到洋葱数学的微课结束后会有相关练习，针对错误点还会有针对性练习；学而思购买一个周期的课程后会根据大数据匹配类似的题目，最后做一个总结性的考试，针对性很强。

中学生除了会使用情境化直播类产品外，也会使用洋葱学园这类精准化课程类产品。看这类产品中的录播课程，遇到不会的知识点时，可搜索产品中的视频进行针对性学习。

个性化工具类产品是基于图像识别、语音识别、数据分析等技术，主要提供拍照答疑、作业检查、题库练习、口语评测、单词学习、阅读资源等功能的产品。学生可根据实际自身需要选择此类App开展学习活动。此类App是在学生自主学习下使用的，具有很强的开放性。在访谈时，有同学提出这种搜题类App在使用时要求用户必须有很强的自我管理能力，在方便学生的同时可能会助长一部分学生的惰性思维。该同学建议搜题类App在搜题后给出思路解析，而不是直接给出答案。访谈学生中小学生和中学生使用的工具类产品有很大的差异，初中成绩中等及以上的学生还会使用单词学习、阅读资源类的产品。

（二）产品使用场景

就访谈结果来看，中小学生使用的在线教育App主要有情境化直播类、个性化工具类和精准化课程类三类App。不同的学生使用这些产品的场景和动力来源也不同。

小学中成绩较好的同学在课前和课后都会使用情境化直播类产品进行课外拓展和预习，其在课后使用的网课主要是数学学科。网课内容一般与学校课程内容不配套，是对课程知识内容的深化，可丰富学生的知识体系；其在课前使用的网课主要是英语学科，网课内容与学校课程相配套，是对新的课程知识的预习。大多数成绩较好的学生都是自己主动要求使用网课的，只有个别同学反映"学习网课先是父母要求的，后来自己就慢慢感兴趣了，自己想要学习了"，且同学们都提出学习网课能激发自己的学习兴趣。

中学中成绩较好的同学与小学中成绩较好的同学使用在线学习产品的场景基本相同。成绩较好的同学一般在课前使用，都用情境化直播类产品来预习，提前一年或一学期学习新知识，且基本上都是家长要求的。除了家长要求的网课类App，成绩较好的同学还会自我要求使用个性化工具类产品进行在线单词学习,使用英语背单词软件拓展其课外单词量。而成绩较差的同学主要在课后使用,主要使用情境化直播类产品来进行课后复习或者考试前复习,在课后做作业时使用作业帮等个性化工具类的产品搜题功能,直接去找答案。

整体来看,成绩较好的同学大都使用的是情境化直播类课程或精准化课程,且都是在课前预习。而成绩较差的同学则更多的是在课后使用个性化工具类搜题App,一般会在课后写作业时使用或者考前复习时使用,只会用到App里的拍照答疑功能,不关注App里的做练习等其他功能。成绩较好的同学也会使用个性化工具类App,如作业帮,他们更关注拍照答疑后的解题过程,而不是题目的答案。成绩较差的同学可能会更关注题目的答案。情境化直播课程类产品一般都是家长报名要求的,而精准化课程类以及个性化工具类产品都是学生自己根据自己需要来使用的。

(三)产品使用效果

在访谈中,无论是小学生还是中学生都提到了使用这些智能在线学习产品没有提高他们的学习成绩。有些同学更是认为这些产品没有什么作用。他们主要强调了这些产品在提高其学习兴趣方面的作用,认为这些智能在线学习产品也能丰富其知识体系。

参考文献

[1] Bhattacherjee A, 2001. Understanding Information Systems Continuance: An Expectation-Confirmation Model[J]. Mis Quarterly, 25(3):351–370.

[2] Bullen M, Morgan T, et al, 2011. Digital learners in higher education: Generation is not the issue[J]. Canadian Journal of Learning and Technology, 37(1):1–24.

[3] DeLone W H, McLean E R, 2003. The DeLone and McLean model of information systems success: a ten-year update[J]. Journal of management information systems, 19(4):9–30.

[4] Githens R P, 2010. Understanding InterpersonalInteraction in an Online Professional Development Course[J].Human Resource Development Quarterly, 18(2):253–274.

[5] Hudson D, 2017. Value Propositions for the Internet of Things: Guidance for Entrepreneurs Selling to Enterprises[J]. Technology Innovation Management Review:7(11).

[6] Hussin A A, 2018. Education 4.0 Made Simple: Ideas For Teaching[J]. International Journal of Education and Literacy Studies

6.3:92.

［7］Lee M C, 2010. Explaining and Predicting Users' Continuance Intention Toward E-learning: An Extension of the Expectation Confirmation Model[J]. Computers & Education, 54(2):506-516.

［8］IIEP-UNESCO.Crisis-sensitive educational planning[EB/OL]. (2020-04-01)[2020-05-20].https://www.iesalc.unesco.org/en/2020/04/01/crisis-sensitive-educational-planning/.

［9］María L, Benavides C, Alexander J, et al, 2020.Digital Transformation in Higher Education Institutions:A Systematic Literature Review [J]. Sensors,20(11):1-22.

［10］Pituch K A & Lee, Y K, 2006. The influence of system characteristics on e-learning use[J]. Computers & Education,47: 222-244.

［11］Prince M, 2004. Does Active Learning Work? A Review of the Research[J]. Journal of Engineering Education, 93(3): 223-231.

［12］Roca J C Chiu C M, & Martínez F J, 2006. Understanding e-learning continuance intention: An extension of the Technology Acceptance Model[J]. International Journal of human-computer studies, 64(8): 683-696.

［13］Shelle G, Earnesty D, Pilkenton A, Powell E, 2018. Adaptive learning: an innovative method for online teaching and learning[J]. Journal of extension, 56(5):5.

［14］UNICEF. Education Disrupted The second year of the COVID-19 pandemic and school closures[EB/OL].(2021-09-21)[2021-

09–15]. https://data.unicef.org/resources/educ ation-disrupted/.

［15］Wang Y S, & Liao Y W, 2008. Assessing eGovernment systems success: A validation of the DeLone and McLean model of information systems success[J]. Government information quarterly, 25(4): 717–733.

［16］Zhao L, & Lu Y, 2012. Enhancing perceived interactivity through network externalities: An empirical study on micro-blogging service satisfaction and continuance intention[J]. Decision support systems, 53(4): 825–834.

［17］Zimmerman B J & Risemnerg R, 1997. Self-regulated dimension of academic learning and motivation[J]. In Phye G (ed.): Hand-book of academic learning. Academic Press: 105–125.

［18］Tony Bingham，Marcia Conner, 2016.新社会化学习：通过社交媒体促进组织转型[M].陈晶，吴晓蕊，张愉，译.北京：电子工业出版社.

［19］安维民，2013.数字化学习环境下中小学生自主学习能力培养的策略研究[J].中国电化教育（6）：105–108.

［20］白蕴琦，冯晓英，陈丽，2021."互联网+"时代教育服务供给模式改革的趋势和策略[J].终身教育研究（2）：13–19.

［21］曹洁，2015.以体验为基础的在线教育产品设计研究[D].华东理工大学：18–19.

［22］陈君，张曾翘，2019.慕课平台用户黏性的驱动因素研究——沉浸体验视角[J].开放学习研究，24（1）：45–51，59.

［23］陈丽，郭玉娟，王怀波，等，2018.新时代信息化进程中教

育研究问题域框架[J].现代远程教育研究（1）：40-46，87.

［24］陈丽，2021a.在线教育原理[M].北京：北京师范大学出版社：2-5.

［25］陈丽，任萍萍，张文梅，2021b.后疫情时代教育创新发展的新视域与中国卓越探索——出席"2020全球人工智能与教育大数据大会"的思考[J].中国电化教育（5）：1-9.

［26］陈丽，王志军，2016.三代远程学习中的教学交互原理[J].中国远程教育（10）：30-37，79-80.

［27］褚宏启，2014.教育治理：以共治求善治[J].教育研究，35（10）：4-11.

［28］单志艳，2002.中学生自主学习及教师相应教学行为的评价研究[D].北京师范大学：3-6.

［29］董萍，郭梓焱，2021.我国在线教育的发展困境及其突破[J].国家教育行政学院学报（2）：61-67.

［30］董奇，周勇，1994.论学生学习的自我监控[J].北京师范大学学报（社会科学版）（1）：8-14.

［31］窦洪庚，2004.发展元认知与实施自我评价[J].化学教育（11）：10-13.

［32］段金菊，汪晓凤，2016a.在线开放课程背景下高低绩效学习者的社会化交互行为及参与模式研究[J].电化教育研究，37（11）：43-50.

［33］段金菊，余胜泉，吴鹏飞，2016b.社会化学习的研究视角及其演化趋势——基于开放知识社区的分析[J].远程教育杂志，35（3）：51-62.

［34］菲尔麦德，2020.全球教育变革——皮尔森全球学习者调查[EB/OL].[2020-04-12].http://www.360doc.com/content/20/0510/23/61783661_911457835.shtml.

［35］费龙，马元丽，2010.发展个性化学习 促进教育公正——英国个性化学习基本理论及实践经验探讨[J].全球教育展望，39（8）：42-46.

［36］付卫东，2020.疫情期间我国中小学教师在线教学：现状、问题及策略——基于全国7111位中小学教师在线问卷调查的数据[J].现代教育管理（8）：100-107.

［37］付卫东，周洪宇，2020.新冠肺炎疫情给我国在线教育带来的挑战及应对策略[J].河北师范大学学报（教育科学版），22（2）：14-18.

［38］管佳，李奇涛，2014.中国在线教育发展现状、趋势及经验借鉴[J].中国电化教育（8）：62-66.

［39］郭利明，郑勤华，2021.互联网推动教育服务供给变革：需求变化、转型方向与发展路径[J].中国远程教育（12）：21-27，62，76-77.

［40］郭绍青，雷虹，2021.技术赋能乡村教师队伍建设[J].中国电化教育（4）：98-108.

［41］郭文革，张梦哲，续芹，等，2021.同时"在场"与在线"面对面"——对国外26篇在线同步视频教学研究的综述[J].中国远程教育（2）：27-35，77.

［42］何克抗，2014.大数据面面观[J].电化教育研究，35（10）：

8-16，22.

［43］胡钦太，刘丽清，郑凯，2019.工业革命4.0背景下的智慧教育新格局[J].中国电化教育（3）：1-8.

［44］胡潇，2000.日常意识的超越——论自我反思的理性功能[J].广东社会科学（1）：52-57.

［45］胡小勇，林梓柔，梁家琦，2020.疫情下的在线教学，家校协同准备好了吗？[J].现代远距离教育（3）：3-8.

［46］黄荣怀，刘德建，徐晶晶，等，2017.教育机器人的发展现状与趋势[J].现代教育技术，27（1）：13-20.

［47］黄荣怀，汪燕，王欢欢，等，2020a.未来教育之教学新形态：弹性教学与主动学习[J].现代远程教育研究，32（3）：3-14.

［48］黄荣怀，杨俊锋，刘德建，等，2020b.智能时代的国际教育比较研究：基于深度探究的迭代方法[J].中国电化教育（7）：1-9.

［49］黄荣怀，张慕华，沈阳，等，2020c.超大规模互联网教育组织的核心要素研究——在线教育有效支撑"停课不停学"案例分析[J].电化教育研究，41（3）：10-19.

［50］黄荣怀，陈庚，张进宝，等，2010.关于技术促进学习的五定律[J].开放教育研究，16（1）：11-19.

［51］黄荣怀，虎莹，刘梦彧，等，2021a.在线学习的七个事实——基于超大规模在线教育的启示[J].现代远程教育研究，33（3）：3-11.

［52］黄荣怀，王运武，焦艳丽，2021b.面向智能时代的教育变革——关于科技与教育双向赋能的命题[J].中国电化教育（7）：22-29.

［53］黄荣怀，杨俊锋，胡永斌，2012.从数字学习环境到智慧学习环境——学习环境的变革与趋势[J].开放教育研究，18（1）：75-84.

［54］贾超，2021.心理距离视角下远程教育中"距离"的超越策略[J].中国成人教育（4）：3-6.

［55］姜强，赵蔚，李松，等，2016.个性化自适应学习研究——大数据时代数字化学习的新常态[J].中国电化教育（2）：25-32.

［56］李灿军，2018.网络直播课堂在互联网教学中的探索[J].教育现代化，5（52）：258-260.

［57］李广，姜英杰，2005.个性化学习的理论建构与特征分析[J].东北师大学报（3）：152-156.

［58］李璐，2021.自适应学习的内在动机对大学生自主学习效能影响的实证研究[J].江苏高教（11）：52-59.

［59］李昱炜，2018.基于情境学习理论的在线教育平台设计与研究[D].浙江大学：6-10.

［60］李正昕，2020.基于SMART原则的网络直播教学模式应用研究——以"钉钉直播+雨课堂"为例[J].现代商贸工业，41（17）：213-214.

［61］梁迎丽，刘陈，2018.人工智能教育应用的现状分析、典型特征与发展趋势[J].中国电化教育（3）：24-30.

［62］林协民，兰瑞乐，韦书令，等，2018.中美K12在线教育比较研究[J].中国教育信息化（21）：18-22.

［63］刘邦奇，王亚飞，2019.智能教育：体系框架、核心技术平台构建与实施策略[J].中国电化教育（10）：23-31.

［64］刘革平，王星，高楠，等，2021.从虚拟现实到元宇宙：在线教育的新方向[J].现代远程教育研究，33（6）：12-22.

［65］刘佳，2017."直播+教育"："互联网+"学习的新形式与价值探究[J].远程教育杂志，35（1）：52-59.

［66］刘敏，胡凡刚，2021.遮蔽、破局与解蔽：在线教学的分析与思考[J].现代教育技术，31（3）：28-33.

［67］刘青松，2016.国内教育直播平台发展现状分析[J].亚太教育（27）：294.

［68］刘彤，2021.在线教育行业发展现状、特征及改进建议[J].当代经理人（2）：35-39.

［69］刘奕涛，杨体荣，方晓湘，2021.增强教育系统的韧性：联合国教科文组织危机敏感型教育规划论析[J].比较教育研究，43（11）：31-38.

［70］刘智明，武法提，2017.联通主义视域下成人在线自主学习导学策略研究[J].电化教育研究，38（11）：69-74.

［71］刘濯源，2015.教育4.0时代，教育技术的新变革[J].中国信息技术教育（16）：143-144.

［72］吕杰昕，王洪成，2020.新冠肺炎疫情下的教育公平与质量[J].比较教育学报（6）：15-30.

［73］马相春，钟绍春，徐妲，2017.大数据视角下个性化自适应学习系统支撑模型及实现机制研究[J].中国电化教育（4）：97-102.

［74］马秀麟，李小文，闫雅琴，等，2018.教育类数字化产品评价指标体系的设计与验证[J].中国教育信息化（23）：9-14.

［75］牟智佳，2017."人工智能+"时代的个性化学习理论重思与开解[J].远程教育杂志，35（3）：22-30.

［76］穆肃，王孝金，冯冠朝，等，2020.在线同步教学中交互的设计与实施[J].中国电化教育（11）：52-59，66.

［77］潘青云，韦雪艳，2021.后疫情时代小学教师在线教学的阻碍因素及其交互设计策略[J].设计，34（9）：103-105.

［78］潘云鹤，2018.人工智能2.0与教育的发展[J].中国远程教育（5）：5-8，44，79.

［79］庞维国，1999.自主学习理论的新进展[J].华东师范大学学报（教育科学版）（3）：68-74.

［80］庞维国，2001.论学生的自主学习[J].华东师范大学学报（教育科学版）（2）：78-83.

［81］彭红超，祝智庭，2019.人机协同决策支持的个性化适性学习策略探析[J].电化教育研究，40（2）：12-20.

［82］屈善孝，2010.探析加强大学生自我管理的有效途径[J].国家教育行政学院学报（3）：68-72.

［83］任岩，2021.在线学习者持续学习意愿的影响因素研究[J].开放学习研究，26（5）：9-16，26.

［84］舒文琼，2019.规模应用拐点将至Wi-Fi联盟发布Wi-Fi6认证项目[J].通信世界（26）：6.

［85］宋灵青，许林，2020.疫情时期学生居家学习方式、学习内容与学习模式构建[J].电化教育研究，41（5）：18-26.

［86］田俊，陈兰枝，2020.抗疫时期"停课不停学"的特征、问

题与后疫情时代在线教育的发展趋势——访华中师范大学教育信息技术学院教授、信息化与基础教育均衡发展省部共建协同创新中心执行主任王继新[J].教师教育论坛,33（4）：4-8.

[87]王娟,郑浩,李巍,等,2021.智能时代的在线教育治理：内涵、困境与突破[J].电化教育研究,42（7）：54-60.

[88]王瑞烽,2020.疫情防控期间汉语技能课线上教学模式分析[J].世界汉语教学,34（3）：300-310.

[89]王胜远,王运武,2020.5G+教育：内涵、关键特征与传播模型[J].重庆高教研究,8（2）：35-47.

[90]王永固,许家奇,丁继红,2020.教育4.0全球框架：未来学校教育与模式转变——世界经济论坛《未来学校：为第四次工业革命定义新的教育模式》之报告解读[J].远程教育杂志（3）：3-14.

[91]王佑镁,祝智庭,2006.从联结主义到联通主义：学习理论的新取向[J].中国电化教育（3）：5-9.

[92]王月芬,2021.线上线下融合教学：内涵、实施与建议[J].教育发展研究,41（6）：19-25.

[93]王运武,王宇茹,洪俐,等,2021.5G时代直播教育：创新在线教育形态[J].现代远程教育研究,33（1）：105-112.

[94]王运武,王宇茹,李炎鑫,等,2020.疫情防控期间提升在线教育质量的对策与建议[J].中国医学教育技术,34（2）：119-124,128.

[95]王竹立,2020.后疫情时代,教育应如何转型?[J].电化教育研究,41（4）：13-20.

[96]吴刚,黄健,2018.社会性学习理论渊源及发展的研究综述

[J].远程教育杂志，36（5）：69-80.

［97］项琴，朱宏伟，谭江月，等，2021.基于钉钉直播的在线教学模式及考核体系探索[J].高教学刊（9）：96-99.

［98］谢幼如，邱艺，黄瑜玲，等，2020.疫情防控期间"停课不停学"在线教学方式的特征、问题与创新[J].电化教育研究，41（3）：20-28.

［99］邢西深，李军，2021."互联网+"时代在线教育发展的新思路[J].中国电化教育（5）：57-62.

［100］徐晓明，2022.教育高质量发展，数字化转型路在何方来源[N].光明日报，2022-04-05（5）.

［101］薛耀锋，李佳璇，2021.基于眼动追踪的在线同步学习系统可用性评测[J].现代教育技术，31（12）：85-93.

［102］闫志明，唐夏夏，秦旋，等，2017.教育人工智能（EAI）的内涵、关键技术与应用趋势——美国《为人工智能的未来做好准备》和《国家人工智能研发战略规划》报告解析[J].远程教育杂志，35（1）：26-35.

［103］杨俊锋，包昊罡，黄荣怀，2020.中美智能技术教育应用的比较研究[J].电化教育研究，41（8）：121-128.

［104］杨现民，张昊，郭利明，等，2018.教育人工智能的发展难题与突破路径[J].现代远程教育研究（3）：30-38.

［105］杨宗凯，2022.教育的全面数字化转型已成必然趋势[N].中国青年报.2022-04-11（5）.

［106］姚冬雪，2021.新课标下高中生化学信息素养现状的调查

研究[D].哈尔滨师范大学：62-64.

［107］叶丹，2021.在线教育如何"绝地求生"？[N].南方日报，2021-11-05（B02）.

［108］余敏，2020.初中信息技术网络教学探究——以钉钉为例[J].科学咨询（科技·管理）（8）：240.

［109］余胜泉，2000.适应性学习——远程教育发展的趋势[J].开放教育研究（3）：12-15.

［110］余胜泉，王阿习，2016."互联网+教育"的变革路径[J].中国电化教育（10）：1-9.

［111］袁磊，张淑鑫，雷敏，等，2021.技术赋能教育高质量发展：人工智能、区块链和机器人应用前沿[J].开放教育研究，27（4）：4-16.

［112］张炳林，付瑞，李丁丁，2020.后疫情时期网络直播教学的理性审思[J].课程.教材.教法，40（6）：73-80.

［113］张鑫，王明辉，2019.中国人工智能发展态势及其促进策略[J].改革（9）：31-44.

［114］张学敏，柴然，2021.第六次科技革命影响下的教育变革[J].东北师大学报（哲学社会科学版）（2）：117-127.

［115］郑庆华，2020.高校创新创业生态体系的构建与实践探索[J].高等工程教育研究（4）：163-167.

［116］郑卫霞，2020.基于个性化推荐的自适应学习系统应用研究[D].河北师范大学：9-13.

［117］郑云翔，2014.信息技术环境下大学生个性化学习的研究[J].中国电化教育（7）：126-132.

［118］周海波，2018.基于自适应学习平台促进学生个性化学习的研究[J].电化教育研究，39（4）：122-128.

［119］周琴，文欣月，2020.从自适应到智适应：人工智能时代个性化学习新路径[J].现代教育管理（9）：89-96.

［120］朱敏，2022.通过终身学习建设健康而富有韧性的城市——UNESCO第五届国际学习型城市大会要旨解读[J].终身教育研究，33（1）：25-32.

［121］祝智庭，2012.教育信息化的新发展：国际观察与国内动态[J].现代远程教育研究（3）：3-13.

［122］祝智庭，郭绍青，吴砥，等，2020a."停课不停学"政策解读、关键问题与应对举措[J].中国电化教育（4）：1-7.

［123］祝智庭，胡姣，2021.技术赋能后疫情教育创变：线上线下融合教学新样态[J].开放教育研究，27（1）：13-23.

［124］祝智庭，胡姣，2022a.教育数字化转型的本质探析与研究展望[J].中国电化教育（4）：1-8，25.

［125］祝智庭，胡姣，2022b.教育数字化转型的理论框架[J].中国教育学刊（4）：41-49.

［126］祝智庭，彭红超，2020b.技术赋能的韧性教育系统：后疫情教育数字化转型的新路向[J].开放教育研究，26（5）：40-50.

［127］祝智庭，沈德梅，2013.基于大数据的教育技术研究新范式[J].电化教育研究，34（10）：5-13.

［128］祝智庭，魏非，2018.教育信息化2.0：智能教育启程，智慧教育领航[J].电化教育研究，39（9）：5-16.